ザ・スコアラー

三井康浩

角川新書

はじめに

プロ野球の球団に所属するスコアラーの仕事内容は、世の中にどれくらい浸透しているのでしょうか？

わたしは、現役選手として6年、二軍マネージャーとして1年、そしてスコアラーとして22年、またフロントにいた11年の計40年間もの長きにわたり読売巨人軍に身をおいていました。本書は、そのなかでももっとも長く務めた仕事であるスコアラーについて書き進めていきますが、それこそプロ野球の球団という「スコアラーとは何者なのか」が１００％理解されている環境にいたこともあり、自分が取り組んできた仕事が、外の世界でどの程度認知されているのかは見当もつかないというのが正直なところです。

２０１８年末をもって球団を離れ、いまは評論活動や講演活動、少年野球の指導などに取り組んでいます。これまで出会う機会がなかった人々と話をするなかで、スコアラーという言葉やおおまかな役割を知っている人はたくさんいるものの、「実際の細かい仕事内容はわからない」という人がほとんどだと理解しつつあります。

スコアラーは、野球の試合を観察し情報を収集することが主な仕事ですから、マスコミなどからは「隠密」や「００７」といった、隠れて目的を果たすスパイのような存在として伝えられます。スコアラーたちが取材を受けることも少なく、声高に「こんなことをしているんだ」と語る場面はあまりないのが実情です。稀《まれ》にメディアに登場することもありますが、具体的な仕事についてはかなりぼかされています。

そういった背景を考慮すると、一般の人々がスコアラーとはなにをしているのかピンときていないのも、仕方ないのかもしれません。

でも、スコアラーという仕事に出会い、その仕事に人生を捧《ささ》げてきたわたしとしては、こんなに面白く奥深い仕事があることを、ひとりでも多くの人に知ってもらいたいという思いがあります。球団を離れたいま、これからの人生でなにを成し遂げたいかを考えたときに、これはかなり上位にくるテーマです。

本書は、そういった思いから執筆に至ったものです。

野球というスポーツを細やかに観察し、集めた情報を分析し、監督やコーチ、選手たちにその情報を提供するスコアラーの具体的な仕事の内容、やりがいや苦労がどこにあるのかをお伝えすることを、まず本書では目指します。

次に目指したのが、スコアラーの技術や視点の置き方、価値観といったものを知ってもらうことです。これはなかなか語られることが少ない部分ですが、スコアラーがなにを見て、どのように解釈しているのか――。その一端を知るだけでも、野球を見る面白さは倍増するにちがいありません。野球の観戦術は様々な立場の人から提案されていますが、野球を見る細やかさにおいてスコアラーに勝てる存在はいないはずです。もっと野球を知りたい、試合からなにかを読み取りたいと思っている熱心な野球ファンの人に楽しんでいただくことも意識しました。

そしてもうひとつ、わたしが本書を通じて伝えたいのは、日本のプロ野球界で活動するスコアラーが切磋《せっさ》琢磨《たくま》して高めてきた技術は、世界でも類を見ない特殊なものであるということです。そして、その技術は日本の野球が世界的なレベルを維持するのに大きな貢献を果たしています。試合をつぶさに観察し、そこから得た情報でチームを支えている人々の存在が、日本の野球の強さにつながっている事実をもっと多くの人に知っていただきたいとも思っています。

しかし、スコアラーがチームに提供する情報は、あくまでも〝無形〟なものですから、それだけでは力を発揮できません。しかし、〝有形〟の技術を持つ日本のプロ野球選手たちに届いたときには、彼らの力を大きく引き伸ばすことのできる触媒のようなものだといえます。

これからも日本の野球が世界での強さを維持し、さらに繁栄していくためには、スコアラーが長い年月をかけて高めてきた技術を、最新理論や急速な進化を遂げる様々なテクノロジーと融合させながら、さらに磨き上げていくことも非常に大切なことでしょう。

また、個人的には、アマチュア野球の世界にもスコアラーの技術がもっと導入されてもいいのではないかと考えていますし、現在は元プロ野球選手が多くを占めているスコアラーですが、その門戸はもっと様々な人に開かれるべきだとも感じています。

「エースになりたい」「4番打者になりたい」もいいけれど、「スコアラーになりたい」といって野球に興味を持つ子どもが出てきてもいいではありませんか。「そんな未来をつくる一歩になればいいな」という思いを、わたしは抱いています。

目次

第4章　編成部で生かされたスコアラーの視点　179

序章　残されていたＷＢＣでの大仕事

急遽はじまった、「世界一」への挑戦

緻《ち》密《みつ》な偵察を重ね、ものごとを論理的に考え、理詰めで対戦相手の攻略法を考えていくスコアラー。これは、その職を務めてきた者としてあるまじき姿勢かもしれませんが、わたしは〝運〟の存在を強く意識しながら戦っていました。

１９８６年から２００７年まで、巨人軍というチームでスコアラーを22年間務めてたどり着いたのは、「スコアラーにできるのは、敗れる確率を下げることだ」という結論でした。最後に勝利を摑《つか》みとれるかは、わたしたちスコアラーは関与することができない、なにかもっと〝大きな力〟に左右されていると思えたのです。

その力こそ、グラウンドで勝利を摑みとろうと戦う人々が持っている運ではないか。王《おう》貞治《さだはる》さん、藤田《ふじた》元司《もとし》さん、長嶋《ながしま》茂雄《しげお》さん、原《はら》辰徳《たつのり》さん、堀内《ほりうち》恒夫《つねお》さんという、わたしが仕えた5人の監督、そしてコーチ陣、また膨大な数の選手たち。それぞれが持つ運の強さは異なっていました。怖くなるほどの強運を見せつけ、チームを勝利に導く人もいました。

ただ、そんな強運が長く続くことはありません。最終的には、「プラスマイナスゼロ」に近づいていくという実感もあったのです。長く同じチームで仕事をしてきたわたしだからとれた、統計かもしれません。

チーフスコアラーの仕事を離れ、２００８年よりフロントの一員として「査定室」という部署で働きはじめたわたしは、少しだけ生まれた時間的な余裕のなかでこんなことを考えはじめました。

「ところで、自分自身の運はまだ残っているのだろうか？」

目の前の「チームの勝利」だけを考えていた日々が終わり、少し引いた目線で自分を見つめ直すようになっていたのです。ほどなくして、それが試される大きな機会が舞い込みます。それは、翌２００９年３月に開催が迫っていた第2回ワールド・ベースボール・クラシック（以下、ＷＢＣ）日本代表チームのチーフスコアラーという仕事でした。

２００６年のＷＢＣ第１回大会では、投手では松坂大輔《まつざかだいすけ》や上原浩治《うえはらこうじ》、野手ではイチローや松中信彦《まつなかのぶひこ》、里崎智也《さとざきともや》といった選手たちが活躍し、王貞治監督率いる日本代表が世界一に輝きました。「その感動を再び」と、国内の野球ファンの連覇への期待が極めて高まったこともあり、第２回大会の監督選考は混迷を極めました。わたしも巨人でのフロント職１年目の日々を過ごしながら、「いったい誰が監督を務めるのだろう？」と関心を寄せていました。

そして、２００８年10月、その年セ・リーグ制覇を成し遂げた巨人の原辰徳監督の日本代表監督への就任が発表されます。原監督とは、選手として10シーズン、コーチとして３シーズン、そして監督として４シーズンと長く一緒に仕事をしてきた間柄です。そんな身近な人が栄誉ある代表監督に選ばれたことは大変誇らしく、また、原監督を支えることになると思われた巨人の後輩スコアラーたちが大舞台で活躍するチャンスを得たということもうれしかった。わたしは現場を離れていましたが、大会を心待ちにするようになっていました。

ところが、事態は急変します。事のはじまりは、同年12月に実施された巨人軍のハワイ優勝旅行でした。球団の一員として参加していたわたしを見つけた原監督が、驚いた表情でこういったのです。

「おお三井《みつい》！　ハワイにきて大丈夫なのか？　人工透析をしなければいけないから、海外にはいけないって聞いたぞ」

　わたしは腎臓《じんぞう》が悪く、ドクターストップで現役を退いて以来、長く腎臓疾患と付き合い続けていました。腎臓移植なども経験し、２００８年からは週3日の人工透析を必要とする身体となっていました。ただ、海外の病院でも人工透析は受けられますから、日本から出られないわけではありません。原監督にそう伝えると、「なんだ、そうなのか」といって足早に去っていきました。

　そして東京に戻ってきたわたしに、当時の球団副代表である原沢《はらさわ》敦《あつし》さんから連絡が入ります。「ＷＢＣのチーフスコアラーの話がきているのだけど、三井やれるか？」というではありませんか。

　これは後日聞いた話ですが、原監督は代表監督就任が決まったときにいちどわたしをスコアラーとして呼べないかと提案してくれたそうです。しかし、ＷＢＣは勝ち進むと戦いの場をアメリカに移すこともあり、球団のほうでわたしの体調を気遣って「三井は人工透析が必要だから現実的ではない」という返事をしていたのです。ところがハワイにきて、優勝旅行をのんきに楽しんでいるわたしを見た原監督が、再度、掛け合ってくれたのでした。

原沢球団副代表からの問いに、わたしは即答します。

「日の丸を背負ってやれるのであれば死んでも構いません。やります」

すでに終わったと思っていたわたしのスコアラー人生――。最後の最後に大仕事が残されていました。

代表選手たちに情報をいかに届けるか

当大会に向けたNPBのバックアップはとても整っていて、対戦国の代表選手の映像などはほぼ揃っていました。ただ、そこからの分析は自分たちでしなければならず、わたしたちスコアラーチームは正月返上で映像をチェックしていきました。

映像に映っているのは、ほとんどが見たこともない外国人選手ばかり。また、分析結果を伝えるのは信頼関係ができあがっている巨人から選ばれた選手だけではありません。これまでの仕事のやり方が通用するかは未知数でした。ただ、なぜか不安はなく、高揚感のなかで仕事をしていた記憶があります。

「日本一のスコアラーを目指す」という目標を掲げ業務に取り組み、スコアラーを引退したときには、「目指すところにある程度は到達できた」という自負もあった。しかしそれは、あくまでも自分のなかのものさしでしかありません。日本代表としての挑戦は、世界の野球ファンが注目するなかで、日本一を飛び越え世界一の座に挑むものです。長年の目標を、真の意味で達成するためのチャンスだと思いました。

巨人にも一流選手が揃っていましたが、日本代表はさらに個性の強い一流選手たちばかりです。

今回のWBCを戦うにあたっては、分析作業そのものと同じくらい「有効なデータを選手たちにいかに〝届ける〟か」が重要であるととらえていました。でも、相手は一流でそれぞれ自分のスタイルを確立している。漠然とデータを揃え、なんとなく話しても聞いてくれないだろう。では、どうすればいいのか？　これまでのスコアラー人生で、自分がどうやって選手に伝えるべきことを伝えてきたかをあらためて振り返りました。そこでわたしが選んだのは、「とにかく遠慮せず強気に出る」というコミュニケーションの取り方でした。一発勝負の続く大舞台ですから、「こうだと思う」ではなく「こうだ」と進言し、選手に迷いを与えない姿勢が信頼につながるはずだと思えたのです。

　それこそ、当時の日本代表にはイチローや城島健司《じょうじまけんじ》、岩村明憲《いわむらあきのり》らメジャーリーガーもいるわけですから、メジャーリーグでプレーしている選手の情報などは彼らのほうがよっぽど詳しいわけです。だからといって、そこで遠慮するようではチームのためにならないのではないか。そう思い、今回戦う相手については「誰よりも自分が詳しいのだ」という空気をつくっていきました。短い準備期間で言葉が届く関係にするには、こうするほかないと判断したのです。

　もちろん、やみくもに強気に出て、なんでもかんでも選手の耳に入れていたわけではありません。本当に必要なことだけを厳選して伝えることにしていました。わたしは投手攻略のヒントを野手に伝える仕事を担当していたので、このような感じです。

「低めだけ。とにかく低め1本でいこう」

「低めのストレートだけだ」

「今日はスライダーだけを狙おう」

「狙い球以外は、見向きもしなくていい」


ひたすらに、短く、強い言葉だけを並べました。なにしろ選手は日本人のトップ選手たちですから、それで十分なのです。

日本に立ちはだかった韓国代表の若き左腕

現場のスコアラーとして印象に残っている対戦は、まず2009年の3月7日、東京ドームで行われた第1ラウンド第2戦の韓国代表戦です。

韓国代表には、半年前に行われた北京《ペキン》五輪で苦杯を嘗《な》めさせられていました。なかでも、当時20歳だった若き左腕・金廣鉉《キムグアンヒョン》には、一次リーグ（6回途中1失点）、準決勝（8回2失点）と2試合続けて好投を許しており、「日本キラー」として完全に自信を持たせてしまった。そんな金は、この試合でも先発が予想されていました。北京五輪と同じ轍《てつ》を踏むことなくこの日本キラーを攻略できるかは、当大会での日本代表の行く末を占うものです。

金は平均で１４０キロ台後半、最速は１５５キロに達するストレート、高速かつ縦に大きく変化するスライダーが投球のかなりの割合を占める投手でした。また、どちらの球種も全力で腕を振って投げてくる若々しさもあり、実にやっかいだった。

北京五輪では、日本ではあまり見かけない「左投手が投げる縦のスライダー」を避けストレートを狙いにいったようですが、球の力が予想以上だったのか、ミスショットを連発。ファウルでカウントを悪くしたところにスライダーを投げられ、凡打を重ねてしまったというデータもありました。

そうした経緯も踏まえ、このゲームでわたしが提案したのは、金の決め球であるスライダーを叩《たた》こうという作戦です。もちろん打ちやすいボールではありませんが、過去の登板では全投球の４割程度を占めたこともあり、かなりの球数を投げてくることが予想されました。１球で仕留められなかったとしても、日本代表の一流選手たちなら食らいついて粘り、次のチャンスでとらえてくれると見たのです。

また、強豪同士が繰り返し戦う可能性の高い大会規定のなかでは、あえて相手の強みに挑み、しっかり対抗しておく必要があるとも思っていました。

決め球のスライダーを打ち金廣鉉を完全攻略

日本ではあまり目にしないボールを狙うのですから、奇策といえば奇策です。狙い球を伝えたときの選手たちの反応はあまりよくはなく、失敗すれば選手たちから「あのスコアラーは大丈夫なのか？」と疑いの目を向けられるのは間違いありません。でも成功すれば、選手たちとの絆《きずな》は強いものになる。

どちらに転ぶのか？　答えは試合がはじまってすぐ出ました。

1回表、先頭のイチローは初球、真ん中に投げ込まれたストレートを見送ります。2球目はインコースに沈むスライダー。これをうまく拾ってライト前に落としました。チームリーダーのイチローが、わたしたちのプランを確実に遂行してくれたのは大きな意味を持ちました。2番・中島《なかじま》裕之《ひろゆき》（宏之）もストレートに手を出さず、3球目のインコースへのスライダーをコンパクトなスイングでセンター前へ運びます。

無死一、二塁となって3番・青木《あおき》宣親《のりちか》がバッターボックスに向かいます。青木も初球、高めに浮いたスライダーを強く叩くと、金の足元を抜けて打球はセンター前へ。二塁走者のイチローが生還し日本代表が幸先《さいさき》よく先制します。

日本代表は攻撃の手を緩めません。さらに、6番・内川《うちかわ》聖一《せいいち》がインコースに入ってきたスライダーを鋭くレフト線に打ち返し、二塁から中島、一塁から青木が一気に生還し3対0とします。

その裏に2点を返された日本代表でしたが、2回表の攻撃でもその力をいかんなく発揮。無死走者なしから8番・城島がストレートを打って出塁し、「スライダー狙い」をかわそうとしていた金を混乱に陥れます。

金の動揺を察した9番・岩村はしっかりボールを選んで四球。トップのイチローにつなぐと、セーフティバントを決めて満塁とします。押し出し四球と併殺崩れで2点を加えたのち、4番・村田《むらた》修一《しゅういち》がとどめを刺します。苦し紛れに投げてきたのであろう低めのチェンジアップをすくい上げ、レフトスタンドに運ぶ3ランで8対2。この一打が決定的なものになり、日本キラー・金のノックアウトに大成功しました。完全に主導権を握った日本代表はそのまま攻め続け、14対2（7回コールド）で勝利を手にします。

決め球のスライダーを打ち、迷いが生じたところですかさずストレートを打つ。相手が混乱したら小技を絡めてチャンスを広げる。そして最後は、失投を逃さず長打で大量得点。わたしたちスコアラーのプランを足がかりに、そのあとは選手自らがアレンジを加えていく見事なまでの攻略でした。日本代表の実力を目の当たりにして、「これが世界一を目指すチームなのか」と身震いしたものです。金は日本打線に嫌なイメージを持ったのか、大会中調子を落としたまま復調することはありませんでした。

低めを狙い打ってチャップマンもノックアウト

豪腕のアロルディス・チャップマンを相手に挑んだ第2ラウンドの初戦も、印象に残る一戦です。3月15日、アメリカ・カリフォルニア州のペトコパークで行われたキューバ戦――第1ラウンドの最終戦で韓国に敗れ、勢いが削《そ》がれたチームが再スタートを切るための重要なゲームでした。
１６０キロを超えるストレートを武器とする、先発のチャップマンをどうやって攻略するかが最大のテーマでしたが、わたしが選手たちに伝えたのは「高めを捨てよう」ということでした。これは、「高めの釣り球に気をつけろ」という意味ではなく、ストライクゾーンに入っている高めのコースまで捨てていいという指示でした。チャップマンが投げるボールをヒットにできる可能性は、高めに浮いてくる威力のあるボールよりも力を抑え低めに制球してきたボールのほうが高いと見たのです。

選手たちにはヘルメットを深く被《かぶ》ってもらい、意図的につばを下げ、高めのボールが視界に入りにくくするように伝えました。これは、高めが好きでついつい打ちにいってしまう悪癖があった、巨人の高橋由伸《たかはしよしのぶ》にもすすめたことがある方法でした。高橋にすすめたのはＮＰＢのシーズン中のことですから、あくまでも長いシーズンを戦うなかでの試行錯誤の一環に過ぎません。でもここは、短期決戦のＷＢＣ。しかも、招集されているのはトッププレーヤーばかりです。「そんなの子ども染みているよ」と相手にされない可能性もありましたが、逆に新鮮に感じてくれたのか、みんなが同じようにヘルメットをいつもより深く被ることを承諾してくれたのです。

カリフォルニアの乾いた気候のなかで、野球王国・キューバとの試合がはじまりました。１６０キロのボールを投げる左腕という未知の相手に対し、日本代表は高めを捨てる姿勢を見せます。チャップマンはスピードこそ規格外ですが、コントロールがそこまでいい投手ではありません。プラン通り高めを捨てさえすれば、ヒットの確率が上がるだけでなく四球を摑みとるチャンスも膨らみます。

1回表、2死から3番・青木が四球を選ぶと、一塁で広いリードをとって揺さぶりにかかります。これは、わたしたちが提案したもうひとつの作戦です。チャップマンは走者をわかりやすく嫌がる直情型で、加えてクイックモーションもうまくない。ですから、走れるチャンスがあれば走者は思い切ってスタートを切ることにしていました。あわよくば二塁を陥れることができるし、仮に盗塁に失敗してもチャップマンをいらつかせることができると踏んでいたのです。スタートを切った青木は見事二盗を決めましたが、この回は無得点で終わります。

2回表は小笠原《おがさわら》道大《みちひろ》、内川がともに四球で出塁しますが、チャップマンも警戒しふたりとも牽制《けんせい》で刺され無得点に。続けての牽制死は嫌なムードをもたらしましたが、一方で狙い通りの効果も表れていました。チャップマンのコントロールは完全に乱れ、球数がどんどん増えていたのです。

そして3回表、ついにチャップマンをつかまえます。8番・城島が低めへの変化球をすくってセンター前へ運び、9番・岩村は低めのストレートを逆方向にはじき返しレフト前に。1死後、2番・片岡《かたおか》易之《やすゆき》（治大）も外角低めをとらえてレフトに運び満塁とします。

チャップマンはここで降板しました。素早い牽制でアウトを奪っていたものの、2回1/3で被安打3、四球も3つという内容を見て、「これ以上の続投はむずかしい」と相手ベンチは判断したのでしょう。最大級の警戒を払っていた豪腕をマウンドから降ろした日本代表は、チャップマンとは力の差がかなり開いていた二番手の投手を攻め3点を奪います。その後もコツコツと加点していき、終わってみれば6対0で完封勝利。徹底した低め狙いと塁上での揺さぶりによってチャップマンをマウンドから降ろした時点で、勝負はほぼ決していたはずです。スコアラーとしての会心の勝利となりました。

最後の最後に投げかけられた、イチローからの「問い」

そしてたどり着いた、3月23日の決勝戦――。この大会で5度目の戦いとなった韓国代表とのロサンゼルスのドジャースタジアムでの決戦です。

この試合を前に、わたしは具体的な指示を出すことをやめました。なぜなら、これまで4度も戦ってきた韓国の選手たちの特徴は、完全に選手の頭のなかに入っていたからです。もちろん韓国は強く、死闘を避けられないとわかっていました。新たな情報を選手にインプットし、さらなる理論武装をして戦うことも一考してはいました。

でも、ここにきての付け焼き刃の入れ知恵よりも、日本代表メンバーが大会を通じて見せてきたことを信じるべきだと思えたのです。選手が自分たちの頭で考え、グラウンドでヒントを見出《みいだ》し、攻略に結びつける――スコアラーが出してきた指示は、あくまできっかけでいいのです。実際にボールを投げ、打つ選手たち自身が自律的に正解を導き出していくことこそ、理想形なのですから。

この試合が終われば、自分はスコアラーではなくなる。プロの世界でスコアラーを務める機会はおそらくもうないだろう。それはつまり、自分にとってスコアラーとしての最後のゲームになるかもしれないということを意味していました。だから感傷的になり、理想でものごとを考えたのでしょうか。

しかし一方で、日本代表チームはすでに「なにかにたどり着けた」という感覚もあったのです。わたしたちスコアラーが届ける、データという必要最小限の〝無形の力〟を、選手たちが〝有形の力〟として増幅させて戦う。そんな理想へと。

試合は予想通り、緊迫したシーソーゲームとなりました。日本代表は1点をリードして最終回を迎えましたが、ダルビッシュ有《ゆう》が四球で走者を溜《た》めた後、韓国代表の李《イ》机浩《ボムホ》にレフト前へと運ばれ同点とされます。

ここから先は、もう〝運〟かもしれない。スコアラーは、〝負けないため〟の手立ては追求することができる。でも、実力が接近した者同士がぶつかりあったとき、どちらに勝利が転がり込むかには関与できないのではないか——。かつて巨人のスコアラーを離れたときに抱いたものと同じ思いが、ここでも再び湧き起こりました。

そして10回表、3対3。2死で一塁に岩村、三塁には内川。マウンドには、韓国代表のクローザーを務めていた当時ヤクルトの林昌勇《イムチャンヨン》がいます。

この決定的な場面で、打席には世界最高峰の打者であるイチローが向かおうとしていました。イチローはこの大会、誰も見たことのないような不振にあえいでいました。準決勝までの8試合で38打数8安打、打点3、本塁打0。打率はなんと、・２１１。ただ、この決勝戦に限ってはここまで3安打を記録しており、最後の最後に彼らしさが戻ってきていました。もう、イチローのバットに託すしかありません。しかし打席に向かう直前、思わぬことが起こります。大会を通じ、自分からなにかを聞いてくることなどなかったイチローが、ここでわたしに問いを投げかけてきたのです。

「この打席。僕はなに狙えばいいですか？」

「えっ！　ここで聞いてくるのかよ……」。心のなかでわたしはそう思いました。本音をいえば、困惑しました。でも、本当に大事な局面で選手に頼ってもらえたわけですし、ましてやイチローからの問いです。スコアラーをしている身としては、なによりもうれしいことでした。

もちろんそこで感動に浸っているわけにはいきません。わたしはスコアラーとして、打つべき球を答えなければならない。これまで通り、強く、短く、伝えました。

「シンカーだけ狙っていこう」

そう答えたのは、イチローのような打者に対してもっとも自信のあるボールを投げないクローザーなどいないと思ったからでした。林はキレのいいストレートも素晴らしい投手でしたが、決め球はなんといってもシンカーです。特に、左打者のイチローに対しては外に逃げていく軌道となるため、シンカーはより有効なボールとなるはずでした。

勝負がはじまりました。

初球は外へのストレートから入る韓国バッテリー。少しシュートしたようにも見えました。イチローは見逃し、わずかに外にはずれ主審がボールをコールします。2球目も力のあるストレートで、インコース膝《ひざ》付近への球がストライクゾーンをかすめます。イチローは少し体勢を崩しましたがストライクのコール。ここで、一塁走者の岩村がスチールして2死、二、三塁をつくります。

3球目は初球のような外へのストレート。イチローはここではじめてスイングし、ファウルに。1ボール2ストライクと追い込まれました。しかし、イチローはその技術をもって食らいついていきます。

4球目は低めの力強いストレートでこれもファウルに。さらに長い間合いを経ての5球目は、低めに制球されたシンカーが投じられます。この対決ではじめてのシンカーをイチローはファウルにします。6球目は捕手が中腰になって高めの釣り球を要求しましたが、これも鋭いスイングでカットしました。4球続けて林の力の入ったボールをファウルにするイチローのテクニックが光ります。

7球目はストレートがアウトコースに流れてボール。この打席では、はじめて様子を見るような軌道を描くボールでした。林も調子を上げているイチロー相手には、簡単に勝負することはできません。カウントは2ボール、2ストライク。わたしはこのボールをしっかりと見送るイチローを見て、「流れが変わった」と心のなかでつぶやきました。

そして、8球目を迎えます。捕手が構えたアウトコースよりわずかに内側に、そしてわずかに高く入ったボールにイチローが反応します。鋭く出したバットがボールをとらえ、打球はセンターに飛んでいきます。歓声と悲鳴が交錯するなか、内川と岩村が揃って生還し5対3。日本代表は、この一打で世界一を手中に収めました。

イチローがとらえたボールはシンカーでした。

わたしのスコアラーとしての運も残っていたようです。

第1章　職業、スコアラー

我が、スコアラー人生のはじまり

わたし三井康浩《やすひろ》は、島根県の出雲《いずも》西《にし》高校を卒業し、18歳で読売巨人軍の一員となりました。しかし、１９８４年、プロ入り6年目の夏のある日、健康診断の結果から腎臓《じんぞう》疾患であることが判明。精密検査の結果、ドクターストップがかかり現役引退を余儀なくされます。将来のスター選手を夢見て希望に溢《あふ》れていた、23歳のときのことでした。

選手として実績を残せなかったこともあり、もちろん将来などなにも見えません。ちょうど同じころ、肋膜《ろくまく》炎を患い支配下からはずれて練習生になっていた岡崎郁《おかざきかおる》と「俺たち、来年からどうなるんだろうな」なんて話をしながら、医師から告知を受けた日からシーズンが終わるまでの数カ月を、目標もなくフラフラしていたのを覚えています。シーズンが終わってオフに入ると、球団は来季に向けた体制を固めていきます。そんなとき、「チームの仕事を手伝わないか？」と声をかけてもらえたのです。

球団スタッフとなって約1年間は二軍のチームマネージャーとして様々な雑務をこなし

ました。なんとなく裏方の仕事を理解しはじめた矢先、わたしの運命を変える出来事が起こります。

「三井、スコアラーをやらないか？」

声をかけてくださったのは、V9を達成した川上哲治《かわかみてつはる》監督（故人）を陰で支えたジャイアンツのスコアラーで、まさに「レジェンド」と呼ぶにふさわしい小《こ》松俊広《まつとしひろ》さんでした。小松さんは1957年、高知商業高校のエースとして春の甲子園《こうしえん》に出場。決勝戦では早稲田実業高校のエース王貞治さんと投げ合った投手で、入団1年目から左のリリーフとして一軍で活躍するも、現役生活は5年で終えチームを支える裏方へとまわっていました。高卒で入団し若くして引退したというのは、わたしと共通する部分でもありました。

当時のわたしは、スコアラーという仕事がどんなものなのかまるで想像がついていませんでした。それこそ、「スコアボードに点数を入れる仕事？」「スコアブックをつけるだけの人？」なんて思ったくらいです。しかもわたし自身は二軍しか経験しておらず、実際にスコアラーからの情報が伝えられるミーティングに参加したこともなく、アドバイスをもらったこともない。プロに入ることができた実力はあったわけで、アマチュア時代は主力選手です。補欠の経験がなかったためスコアブックすらつけることができず、そもそも打席のなかで投手の配球を考えたことすらなかった。恥ずかしながら、どちらかといえば大雑把なタイプの野手でした。ですので、仕事の内容はわかっていないながらも、なんとなく自分とは縁遠い種類の仕事であろうことは感づいていました。

しかし、不安がっていたわたしにかまわず、小松さんは「球場にいってビデオをまわしながら（ビデオ撮影はのちに禁止されます）試合を見て、おまえが感じたことを報告してみろ」というのです。

開幕前の時期だったので、さっそくオープン戦に出向きネット裏から試合を見ました。でも、ビデオ撮影はともかく、いったいなにを報告すればいいのかわからない。

仕方ないので、とにかく手を動かして詳細な内容を書くことにしました。A４の紙に「1球目、インコースのストレート」「2球目、アウトコースのカーブ」というような感じで、ただただ目の前で起こった事象を愚直に書いていくのです。そうやって記録した投手の攻め方や打者の対応について、自分が思ったことをさらに書き連ねました。当時は１９８０年代半ばですから、いまのようにパソコンなど当然ありません。すべてが手書きの作業です。

そんなふうにしてつくった資料を小松さんに見せてみたものの、「おまえが真面目なのはよくわかった。でも、これだと選手たちには使えないよ」と呆《あき》れられてしまった。そして、「とにかく、周囲にいるスコアラーたちがどんなやり方をしているかをよく見て、盗め」といわれたのです。

巨人の分析技術は、球界でも先端をいっていました。川上哲治さんが監督時代にメジャーリーグのロサンゼルス・ドジャースの戦法を取り入れ野球を近代化していった際に、ニューヨーク・ヤンキース式のスコアカードを導入したそうです。それをベースにアレンジを重ね、巨人式のものを作成し使っていました。そういうものを使った先輩たちの仕事のやり方を覗《のぞ》き見して少しずつ勉強していくうちに、おぼろげながらスコアラーの仕事がわかってきました。

日本一のスコアラーになると決意する

そんな〝研修〟のような期間を経て、徐々にまかせてもらう仕事が増えていきました。

当時わたしが担当していたのは「チーム付き」という役割でした。これは遠征もすべてチームと一緒に行動し、ほかのチームを追いかけている先乗りスコアラーから届く情報を整理・分析して監督やコーチ、選手に伝えるのが主な任務です。

現役時代に出たこともなかったミーティングで、自分がまとめた情報が一軍選手たちに伝えられるのですから、やはりプレッシャーがかかります。

そして公式戦がはじまり、わたしが調べてきたことが担当コーチから選手に伝えられていきます。「選手たちはどんなリアクションをするだろう」。不安と期待が交錯します。

結果は、まったく聞いてもらえなかった。当時の主力選手だった原辰徳さんや篠塚利夫《しのづかとしお》（和典《かずのり》）さんたちに、「俺たちには俺たちのやり方がある」と一蹴《いっしゅう》されたのはさすがにこたえました。

でも反面、「まあそうだな。一軍での実績も皆無な新米スコアラーの分析なんて、聞き入れてもらえるわけがないよな」という気持ちがあったことも事実です。「こうやれば攻略できる」という提案をするわたしが、実際にそのようにして一軍の試合で打った経験がないのだから、これぱかりはどうしようもありません。とはいえ、「自分はチームの指示に従って仕事をしているのだから、耳を傾けてくれてもいいじゃないか」という反発心もありました。

　納得がいかないわたしは、小松さんに思いの丈をぶつけます。でも、返ってきたのは厳しい言葉でした。

「ミーティングで選手が話を聞かないのは、おまえがつくる内容に理由がある。選手が耳を傾けるような情報をゲームから取ってこい。徹底的に観察して拾ってこい。選手が知らないことを見つけ出して伝えるんだ。そうすれば選手たちはおまえの分析に耳を傾ける」

　この言葉で目が覚めました。プロ野球界に身を置くスコアラーとしてのスイッチが入ったのです。「やってやるぞ！」と。そして「いちどしっかり勉強したいので、先乗りをやらせてほしい」と小松さんに直訴しました。チーム付きとして集まってきた情報を分析するだけではなく、先乗りとして野球としっかり向かい合い自らデータ収集をすることで、スコアラーとしての能力が高まると思えたからです。

スコアラーという仕事に本気で取り組み、「日本一のスコアラーになってやろう」と決意した瞬間でした。

前代未聞！　スコアラーが仕切るミーティング

先乗り担当となったわたしは、全国の球場を4年間行脚し修業を積みます。再びチームに戻ったころには、最初にチーム付きをやったときに比べ、わたしのプランが選手たちに受け入れてもらえるようになっていました。そして、ミーティングへの参加を重ねていくうちに、「コーチからも認めてもらえてきたぞ」という実感も湧いてきた。それとほぼ同じタイミングで、自分がプロ入りしたときに監督を務めていた長嶋茂雄さんが再び監督に就任され、よくしてくれたのもありがたかった。

ここで、自分のキャリアにおいての大きな転機が訪れます。長嶋監督が復帰して2年目のシーズンとなる1994年。巨人は夏場までペナントレースを独走していたのですが、中日の猛追を受け優勝争いは大混戦に。なんと、優勝の決定が最終戦までもつれることになったのです。「10・8決戦」「国民的行事」などと呼ばれた最終戦のことは、記憶されている方も多いはずです。

後半戦に入って巨人が追い上げられた理由はあきらかでした。打線が異様なまでの不振に陥ったのです。勝つためには投手力に頼るほかなくなり、長嶋監督が投手たちに「2点取られたら負ける。1点で抑えろ！」という檄《げき》を飛ばし続ける日々が続きました。

打撃コーチたちも必死に打開策を練っていましたが、状況は一向に改善されない。そんなとき、打撃コーチのひとりだった中畑清《なかはたきよし》さんに、「三井、おまえが野手ミーティングをやってみてくれないか」と告げられたのです。

中畑さんからすれば、どうやってもうまくいかない試合が続くなかでの苦肉の策だったはずですが、コーチを差し置いて、スコアラーが主導するミーティングなんて当時は考えられないものでした。ここでなにを話したかは第3章で詳しく記述しますが、このとき中畑さんや長嶋監督が、慣例にとらわれずスコアラーの積極的な発言を認めてくれたことで状況は変わっていくのです。

翌年、長嶋監督から「三井はいろいろなことを知っているな。試合中もベンチに入って、選手たちに教えてやってくれ」といわれ、わたしの仕事場はベンチのなかになりました。スコアラーが試合中にベンチに入り、選手と直接コミュニケーションをとるというのはいまでこそあたりまえになりましたが、当時はまずあり得ないこと。おそらく、日本プロ野球の歴史上、わたしがはじめてだったはずです。

そうしたやり方は他球団にも広がっていき、スコアラーの仕事に対する球界内での評価は一気に上がっていきました。ほぼ同時期に、ヤクルトを率い黄金時代を築いた野《の》村《むら》克《かつ》也《や》監督が推進した、スコアラーの集めたデータを大活用する「ＩＤ野球」の反響も大きかった。その詳細が広く世の中に知られるようになり、スコアラーは脚光を浴びます。

スコアラーという存在の認知度が上がるのと並行して、野球分析はどんどん進化していきます。１９９０年代末ごろよりＩＴ技術の発展に伴いパソコンを使った分析技術が向上しました。また、のちに映画「マネーボール」で知られることとなるセイバーメトリクスの活用も２０００年代にメジャーリーグで広まりはじめ、ほどなくして日本にも輸入されるようになります。

そして、２０１４年には投球の速度や軌道、ボールの回転数や回転軸、リリースポイントの位置、打球の速度や打ち出し角度、推定飛距離などを計測できる「トラックマン」と呼ばれる高度な分析機器の日本への導入も開始。野球分析は、本当に日進月歩で発展が続いています。

話を戻すと、1994年のその出来事は、わたしにとっての転換点であるとともに、日本球界が転換していくきっかけであったようにも感じます。読売巨人軍という伝統あるチームで、長嶋監督という影響力を持つ方が、スコアラーの仕事を高く評価してくださったことが引き起こした変革でした。

先乗りとチーム付きの仕事のちがい

わたしのスコアラーとしての成長の機会となった先乗り担当は、選手やコーチとのコミュニケーションも担うチーム付きと比べると、純粋に「野球そのものの観察」という比重が高い仕事内容です。

先乗りは、原則として自チームが対戦する直前の3連戦を見ます。さらに「先先乗り」

という仕事もあり、これはさらに前の3連戦を見る役割を担うもの。つまり、チームは6試合前から同じチームを追いかけ、そこから得た情報を携えて目の前にある3連戦に臨むというのが基本的なスタイルなのです。

先先乗りが担当する3連戦では、先発投手が最大の観察ポイントになる。なぜなら、ここで登場する投手は、ローテーションの巡り合わせからいって自チームが戦うときに先発してくる可能性が高いからです。ですから、わたしたちスコアラーは先発投手を中心に情報をまとめます。重要な仕事ではありますが、直接の対戦までの時間は比較的あるので、多少の余裕があるのが先先乗りです。

先乗りは逆に、登板を想定しなくていい先発投手の観察は優先順位が下がり、打線やリリーフ陣について深く観察することが求められます。それ以外にも、相手チームがどんな状況になっているかをまとめるリポートを書くので、先乗りのほうが仕事は俄然《がぜん》多くなる。最後の3試合目のまとめなどは、それこそ徹夜の作業です。

6試合をチェックし作成した資料は、試合当日の朝にはチームに届けます。いまのようにパソコンで管理しメール送信で済ませるようになるまでは、作成した紙資料を宅配便で送っていました。資料はA4のコピー用紙で厚さ1センチくらいになる膨大なものだったため、FAXは使えなかったのです。地方遠征も多く、帰京し自宅で過ごせるのは月に数日というハードワークでした。

先乗りからチームに届けられた資料は、チーム付きのスコアラーの手にわたります。ここから先の具体的な作戦に落とし込む作業は、チーム付きたちが担当するのです。

他球団を追いかける先乗りと先先乗りは計4人。チームに付くのは3人で、チーム付きは、それぞれネット裏、ビデオ、ベンチを担当する体制を当時の巨人は敷いていました。

チーム付きはシーズンの約半分が本拠地での仕事となるので先乗りよりも余裕のある仕事に見えますが、それはまったくちがいます。試合が終わるとすぐに次の試合の準備がはじまるので、ナイターならば夜中の2時くらいまで仕事をするのは日常茶飯事。翌日は朝9時には球場にきて分析の続きをするのですから、こちらもハードです。

先乗りが送ってくる分厚い資料に目を通しつつ、自らの目で見た前日の試合からの情報をミックスさせ、その日の試合に勝つための相手選手の攻略法をミーティングがはじまるタイムリミットまでに出していく——。

そのような仕事が延々と続くのです。

映像を管理するのもスコアラーの任務

チーム付きのひとりが務めるビデオ担当は、試合映像を管理し、ミーティングで必要になる映像を編集することが主な仕事です。いまではほぼ全試合の中継があるので、ほとんどはその映像を用いますが、ネット裏に置いているビデオカメラの映像も一部使用します。理由は、センターカメラからの映像だと投手が投げている球種がわかりにくいケースがあるからです。

また、自分たちで撮影したネット裏からの映像は、画質こそ中継映像よりも劣りますが、投手の癖を探す際には重宝されていました。実質的には、ネット裏のビデオカメラはそうした用途で使われるケースのほうが多かったかもしれません。

ずっと打てない投手に対しては、ビデオ担当に「この投手の癖が出やすい上半身だけをアップで撮ったものも用意してくれ」などと伝え準備してもらっていました。その映像を繰り返し再生し、球種ごとの手の位置や手首付近の筋肉の動きのちがいなどを観察し、なんとかして攻略のヒントを見つけようとしたものです。

バッティングコーチから、「この角度からの映像を見たい」といったお願いをされることもありました。その場合は、ビデオカメラを増設し対応。１９９０年代末くらいまではビデオカメラの設置については明確な規制がなく、ある程度の自由がありました。

ただ、現在自分たちでビデオ撮影できるのは、その試合の当事者であるホームチームとビジターの2チームだけに限られています。かつては、直接対戦している以外のチームの先乗りスコアラーがネット裏でビデオをまわすことができたのですが、いまは禁止されています。

それでも中継映像があれば、大きな問題は生じません。中継映像でもっとも助かるのは、走者のスタートなどを確認するときでしょうか。ベンチに入るようになってからは打者の観察に集中しなければならず走者に注意を払えないことがあったので、試合後にどんなタイミングで、どんなスタートを切っているかを中継映像で確認することはよくありました。

映像の活用法については、わたしがスコアラーを務めている時代は絶えず進化していました。まず、２０００年代後半にスコアをパソコンに入力し管理するツールができるのですが、その後、そのツールで入力したスコアと映像を連携させ、見たいプレーを簡単に抽出できる映像抽出のシステムが開発されます。同時期には、映像編集のソフトウェアもどんどん進化しましたので、分析やミーティングに用いる動画編集の効率性も一気に高まりました。

最近はホームグラウンドに多数のカメラを設置し活用している球団もあるようですし、スマートフォンやタブレットを使って、選手自身が必要な映像にいつでもあたることができる便利な仕組みも普及しています。映像をどのように揃え活用するかは、チームを強くするうえでよりいっそう大事な要素になってきています。

手書きのスコアと、それこそ肩でかつぐような大きなビデオカメラで撮影した自前の映像でやりくりしていた時代を思うと隔世の感があります。

スコアラーはどこからなにを見ているのか

ベンチに入るケース以外では、原則としてスコアラーの定位置はネット裏となります。

ネット裏であれば、前から何列目でなければいけないということはなく、細かな場所にはこだわりません。極端に前列に陣取るよりも、少し上からのほうが球場と目の前で起こるプレー全体がよく見えるものです。スコアラー用に指定される席も球場によってそれぞれだったりするため、どの位置からでも必要な情報を集められる柔軟性も必要となるでしょう。

例外といえるのはキャンプのとき。キャンプの時期はシーズン中とは異なり、いろいろな角度から選手を観察する機会です。ブルペンに入っている投手は背後から見て、球種や軌道を多角的に確認していました。

正面や背後からだけではなく、横から観察することもありました。これは同期入団の江《え》川《がわ》卓《すぐる》さんの言葉を参考にして取り入れたものです。江川さんは、ホームベースから３メートルから４メートルほど投手寄りのポイントまでの区間をいつも見ていて、「いい投手か悪い投手かは、ここを見るとわかるよ」とよくいっていました。

取材にきている野球評論家の方たちからは、「そこから見てもよく球筋がわからないだろう？」といわれたものですが、この区間だけに注目すると、ボールがスッと伸びてくる投手と、途中で勢いが失われミットの手前でボールが失速する投手がより明確に判別できます。

江川さんとは紅白戦で２度ほど対戦したことがありますが、投げた瞬間からミットに入るまでまったく同じ勢いのままの剛球は衝撃的で、２度とも三球三振を喫しました。いかに失速しないボールを投げるかは、誰よりも江川さん自身が追い求めていたことだからこそ、そのような見方をしていたのかもしれません。

それ以外にも、投手が外野などでやっているキャッチボールもよく見ていました。どのように取り組んでいるかなどを細かく観察するのです。キャッチボールはただのウォーミングアップに見えるかもしれませんが、選手ごとに実に様々で、投手がそのときにどんなことを考えて練習に取り組んでいるかのヒントが隠れています。

プロの選手の練習を見る機会があったらぜひ注意深く見てほしいのですが、どの投手も身体全体を大きく使い、各部位をチェックするようにして投げています。また、エース級の投手のキャッチボールは、ボールの伸びが全然ちがうことがわかるはずです。

時折、それまでに投げていない変化球を投げたりすることもあるので、新たに球種を増やそうとしていることをうかがい知れるケースもあります。新しく日本にやってきた外国人投手なども、ランニングやキャッチボールへの取り組みから、プレースタイルや性格が確認できたことがよくありました。

もちろん、トレーニング段階にある投手の観察から取れる情報はそこまで多くはありません。もっといろいろなことが見えてくるのは、やはり実際に打者と対峙《たいじ》したときです。

春季キャンプは情報収集の場

春季キャンプからオープン戦にかけては、スコアラーは多忙を極めます。ライバルチームに新加入した打者がどんなバッティングをするのか、投手が球種を増やしていないかなどを確認してまわる必要があるからです。

また、２００５年にセ・パ交流戦がはじまってからはパ・リーグの球団を調べる必要が出てきていて、キャンプやオープン戦はそのチャンスでした。ペナントレースがはじまるとパ・リーグのチームの試合を直接見にいく機会はなかなかつくれないので、生で見ておきたい選手がいる場合はできるだけ足を運びました。もちろん、調整中の選手が見せるプレーは参考にならないケースもあるのですが、それでもスコアラーとしては見ておきたいものなのです。

なお、この期間はチーム付きであっても、チーム本体から離れて他球団がキャンプを張っている四国や九州、沖縄などを頻繁に行き来していました。それぞれが得た情報をスコアラー間で共有しながら連携して動き、監督やコーチからの問い合わせがあれば、その時点までに得ている情報を事細かに伝えます。

また、意外に思われるかもしれませんが、スコアラーは他球団のスコアラーと情報交換することもあります。スカウトなどは互いに秘密を厳守するのが鉄則ですが、スコアラーは自分たちのチームに関することを除いては、注目されている他球団の選手などをどのように見ているのか、互いに意見を述べ合うことがあるのです。

若手のスコアラーにとっては、成長の機会にもなります。わたしも若いときは、他球団のベテランスコアラーたちが、ライバルチームの選手たちをどのように見ているのかをヒアリングし、自チームの戦いの参考にさせてもらったものです。互いに勝利を追求しぶつかり合うシーズン中にはないことですが、シーズン前のキャンプは、そうした交流が比較的多くありました。

相手チームの先発投手を見抜くむずかしさ

　実際にシーズンに入ってからの試合前練習の観察は、チーム付きにとって重要な仕事のひとつです。相手選手のバッティングの状態などを、先乗りから届けられた情報と突き合わせながらチェックしていきます。

　そしてこの練習時間は、かつてのスコアラーにとってはいまの時代以上に緊張感のある時間でした。

　なぜなら、パ・リーグでは１９９４年から、セ・リーグでも２０１２年から予告先発制度が導入されましたが、わたしがスコアラーを務めていたころは予告先発制度がなく、先発投手をひた隠しにし、相手チームに十分な準備をさせないような化かし合いに各球団が力を入れていたからです。広島や中日にはよく翻弄《ほんろう》されることがあり、先発投手をはずしてしまったときは監督やコーチに叱責《しつせき》されたものです。そんな事情もあり、選手たちが球場入りした直後のウォーミングアップは、相手チームの先発投手が最終的に誰かを見極めるための重要な時間だったというわけです。

巨人が後楽園《こうらくえん》球場を使っていた時代のことですから、１９８０年代後半のことだったと思います。その日の相手は、好投手を多数揃え「投手王国」とも呼ばれていた広島。登板間隔から見るに、左右のエースであった大野豊《おおのゆたか》さんと北別府学《きたべっぷまなぶ》さんのふたりのどちらかが先発するだろうという状況でした。丹念に情報を集めてみたものの最後まで読み切ることができず、なにかヒントはないかとウォーミングアップをつぶさに観察するほかありませんでした。

すると、大野さんと北別府さんのふたりがブルペンに入っていったのです。その日の先発投手が、試合開始までまだ数時間はあるウォーミングアップの時間帯にブルペンに入ることはほとんどありません。入るとすれば、プレイボールが近づいた時間になってからです。つまり、早いタイミングでブルペンに入るということは、翌日以降の試合に先発することを意味します。

「これはあくまでもカモフラージュで、どちらかが投げてどちらかは投げないはずだ」と見たわたしは、ブルペンから出てくるふたりをじっと待ち構えていました。

しばらくして、ブルペンから出てきたふたりを凝視すると、大野さんの左膝《ひだりひざ》が土でべっとりと汚れているではありませんか。一方の北別府さんのユニフォームは綺麗《きれい》なまま。しっかりと足を踏み出し、力を入れて投げなければ土が膝につくことはあり得ません。「ブルペンで投げたのは大野さんだ！」と確信しました。

わたしは意気揚々と、「今日は北別府さんがきます」と監督やコーチに伝え、理由を述べました。チームはわたしの情報に沿って、対戦準備を進めることに。

しかし――。試合開始前、メンバー表に書き込まれていたのは大野さんの名前でした。わたしたちが探っていることを知っていて、広島首脳陣は罠《わな》を仕掛けていたのです。当時は、こんな駆け引きが日々行われていました。

そのほかにも、メディアをうまく使って情報を流し、先発投手が誰なのかをわからなくすることもよくとられた手法です。どうしてもわからないときは、偵察メンバーを入れて対応する手もあるのですが、長嶋監督などはそれを好まず、相手チームの先発投手を見極めることを強く求めました。

ただ、「巨人軍ならでは」の相手投手の読みやすさというのもありました。それは、他球団がチームとして売り出したい、その年のドラフト1位の投手や新外国人投手が初先発するときには、決まって巨人戦が選ばれていたからです。テレビ中継が入ることが多く、数多くのメディアが取材にきている巨人戦でお披露目したいという目論見《もくろみ》もあったように思います。

インターネットを経由した中継やCS放送の普及により、視聴できる試合が増えたいまでは想像しにくいかもしれませんが、そんなこともされていたのです。事前に「初物がきそうだ」ということを察知できたときは、ファームで対戦した試合がある場合に限っては、二軍施設のあるジャイアンツ球場に至急連絡をとり、二軍戦での映像を東京ドームまで届けてもらいました。

初物をよくぶつけられることが多く、そうしたデータの少ない投手に苦労している巨人のイメージを逆手に取ったのが、ヤクルトや阪神を監督として率いていた野村克也さんです。

「新外国人投手をどこかの試合でぶつけてくるはずだ」と予想した3連戦で、毎試合気配を漂わせながら、最後まで投げさせなかったこともありました。わたしは、「明日は間違いなく新外国人が投げてきます」と巨人首脳陣に３日間進言し続けることとなり、監督から大目玉を食らいました。

ただ、先発投手の予想がはずれたときに、常に形勢が不利に陥っていたかというとそうでもないから野球は不思議なものです。実際には、予想とちがった先発投手を打ち込んだ試合もそれなりにあったのです。そんなときは、選手たちに心から感謝したものです。

注意すべき各球場の設備や特性

風の方向など、試合を行う球場のその日の気候やグラウンドのコンディションを把握することもスコアラーはおこたりません。

「この球場ではこんな風が吹く」といった特性は日頃から押さえていました。甲子園球場の両サイド、ポール際は風が巻くので、スタンドに吸い込まれるように打球が伸びてホームランになりやすいとか、マリンスタジアムではボールが高く上がってスタジアムを囲う壁よりも高いところに達すると一気に逆風に押し戻されるため、風の影響を受けないライナーのほうがホームランになりやすいといったようなものです。

東京ドームにはそのような傾向は特にありませんでしたが、札幌《さっぽろ》ドームは空調の影響で左中間と右中間の打球がよく伸びる傾向がありました。このあたりは球界の関係者なら誰でも知っていることなので、準備において抜け落ちることはありません。ただ、思わぬ事情によって環境が変化していないかを気にかける必要はあります。どこかのチームの本拠地球場が変更されたり改修されたりしたときは、どうプレーに影響が出るかを緻密《ちみつ》に検討したものです。

また、遠征で年間に数試合戦うことになる地方球場では、ファウルゾーンの広さやかたちが異なるので気をつけるよう選手によく伝えていました。また、そうした地方球場は日常的にコンディションが整えられていないこともあるので、ライン際にボールを転がして、ファウルになるか、そのまま残るかというチェックも欠かさずするのがルーティンです。ホームベースの手前の土にボールを投げて弾むかどうかを見て、野手がバックホームする際の判断に使えるようにもしていました。

プロの世界ではグラウンドの硬さをかなり意識する必要があり、駆け引きにも使われています。バントを多く仕掛けてくる相手に対しては、ホームベース周りのアンツーカーを意図的に硬めにして、バント処理をやりやすくしていました。もちろんこれはホームグラウンドを使用するチームの〝特権〟ですが、逆に、相手が考えたそういう策を見抜くこともスコアラーの仕事のひとつです。

そのほかにも地方球場では、ブルペンと実際に試合で投げるマウンドの高さのちがいも注意しておかないと投手が困惑するため、必ずチェックするポイントです。たとえば、ブルペンはマウンドが高いのに、実際に試合で投げるマウンドはかなり低いという場合、投球練習と同じ感覚で投げるとボールが高めにいってしまいます。もちろん、そうした設備そのものを変えることはできませんが、状態を詳細に伝えることで選手の調整に生かしてもらっていました。

スコアラーが扱う道具

事細かにたくさんのことを調べないといけないスコアラーですが、仕事で扱う道具はかなりシンプルなものです。わたしがスコアラーをしていた当時は、スコアシート、かつてであればビデオカメラ、それからストップウォッチくらいなもの。

スカウトの多くはスピードガンを使いますが、スコアラーは球場に球速が表示されるためほぼ使いません。キャンプなどには持ち込むケースこそありますが、わたしはあまりスピードガンの必要性を感じていませんでした。いちどスピードガンを使って選手を見てまわったらすぐにわかるのですが、キレがよく１４０キロそこそこなのによくファウルを打たせている投手がいる一方で、１５０キロ以上出ていても簡単に打ち返される投手もいます。

彼らには、球速以上に結果に影響するなにかが確実にあるわけで、スコアラーが記録し、伝えないといけないのは球速そのものよりもそちらです。球速だけをチームに伝えて先入観を与えてしまうことで、そういった本当に大事な情報に目がいかなくなることのほうが問題だと思うのです。

これは、近年導入が進んでいる「トラックマン」をうまく使うためのポイントにもなる部分です。トラックマンは、投手が投げるボールを多角的な数値で表現してくれる優れものです。でも一方で、その数値と選手の感覚が異なることもあります。トラックマンは数値から「カットボール」と判定するけれど、選手は「スライダー」だと認識しているボールがあったときに、「カットボールがたくさんくるよ」と伝えていたら選手は惑わされるでしょう。

機器で取得した客観的なデータであっても、実際に選手がどう受け取るかを意識しながらわたす姿勢を持つことが大前提なのです。その姿勢がない限り、スピードガンやトラックマンのような機器が教えてくれる情報が有効に活用されることはありません。もちろん、トラックマンをはじめとして、新しい可能性を広げていく機器を積極的に取り入れることは、野球分析においてはとても重要なことであると付け加えておきます。

機器と選手をつないでいく、優れた〝仲介者〟になれるかは、これからのスコアラーの重要な資質となってくるでしょう。

投手のクイックモーションや走者の塁間スピードを把握するためによく使われるストップウォッチも、日常的に使っているわけではありません。基本的に映像を使って計測しておいて、そのデータを持って試合に臨むというスタイルが一般的です。

スコアラーは試合中、それ以外のことで手一杯なので、走塁や守備を担当しているコーチがストップウォッチを持ち、数字を随時確かめています。事前に準備していたデータとちがいがあれば指摘してもらい、数字を正していき、次の試合のデータとして活用します。

自チームが盗塁を仕掛けるタイミングは、「ストップウォッチでの計測結果」「癖の出方」「カウントに基づく牽制《けんせい》球の有無の推測」「変化球を投じる可能性が高いカウントかどうか」といった情報を組み合わせて決定していました。

２０００年代に入ってからは、スコアラーの業務にもパソコンが導入されるようになります。これにより、ただ言葉で書き連ねた資料でなく、伝えるべきことをわかりやすく視覚的に伝えられる図表を使うことが増えていきました。

そしてなによりも革新的だったのは、紙に記入していたスコアの入力がノートパソコンでできるようになったことでした。各球団が競ってそうしたツールを導入するようになっただけでなく、独自で開発する球団も出てくるようになり、データの集計は急速に効率化が進みました。

何日も続く遠征や雨が降ることもある屋外でのスコア入力に対応するため、工事現場などでも使われているような、耐衝撃性や防塵《ぼうじん》、防水機能、長時間にわたる利用が可能な大型バッテリーを搭載したノートパソコンもスコアラーのあいだで普及しました。

選手や監督に信頼されてなんぼ

ここまでスコアラーの実務について書き連ねてきましたが、第１章の最後に、監督やコーチ、選手に信頼してもらうために必要な、スコアラーとしての心構えや思考法をまとめます。

まず、これはあたりまえのことですが、ベンチにいるスコアラーの判断は勝敗に直結することを自覚せねばなりません。わたしたちの情報の発信が、選手たちの努力を台無しにしてしまうこともあるわけで、責任は重大です。打者であればヒット１本を打てるか打てないか、投手ならひとつのアウトを取れるか取れないかでレギュラー争い、ローテーション争いに影響することもあり、最終的には年俸にも響くわけです。それくらいのことを自分たちはしているのだと肝に銘じていました。

負けたときは、「なにをやっているんだ！」と常に責任を問われるのは仕方がないことです。監督室で１時間くらい居残ったことなど何度もありましたし、完封負けを食らおうものなら、本当に厳しい立場に立たされました。酷《ひど》い負け方をすることで、わたしたちスコアラーに対する信頼も失われていきます。でも、信頼関係が完全に壊れ、監督、コーチ、選手らとスコアラーとのコミュニケーションが途絶えてしまったら、チームは機能しなくなります。信頼関係をいかに維持していくかには、常日頃、心を砕いてきました。

信頼し続けてもらうための最高の方法は、的確な判断でチームを勝利に導く情報を出し続けることです。ただ、わたしたちが分析する相手チームの選手や首脳陣も生身の人間です。その日その日で考え方や体調も変わってくるのですから、現実的には読みを当て続けることは不可能です。

そこでわたしは、バッターボックスに立つ８人の野手のうち、６人に対する提案が当たることを目標にしていました。６人への提案がそれなりに成果を挙げてくれれば、試合に勝つ確率はかなり上がると確信していたからです。ただ同時に、どんなに必死に分析しても、数人の選手への提案ははずれてしまうことも覚悟していました。

そこで考えるようになったのが、スコアラーの見立てがはずれたとき、「当たらなかった」という思いだけが残るのをどうやったら避けられるかということでした。考え尽くした結果、スコアラーが判断に至ったそこまでのプロセスを、しっかりていねいに伝えることが重要だという結論にたどり着きました。

当時であれば、「前回、中日の川上憲伸《かわかみけんしん》にはこう攻められてやられた。また同じようにやられないためには、こう対応するのがセオリーだと思う。でも、先乗りスコアラーからの情報をチェックすると、少し気になる傾向もある。バッテリーを組む谷繁元信《たにしげもとのぶ》は頭のいい捕手だから、裏をかいてくるかもしれない。そう考えたのはこういうデータがあるからであって……」。

ひらめきや当てずっぽうで狙い球を提案しているのではなく、いまの段階で得られている裏付けに基づいた提案であることを首脳陣や選手に知ってもらうのです。見立てが当たらなかったとしても、その理由を考えてもらったり、互いに話し合ったりすることができるため、一定の理解が得られます。

そして結果が伴わなかったときは、「みんな、申し訳ない！」と素直に謝るほかない。すべてを当てることはできないのだから、そこはもう開き直りも必要。

チームに聞く耳を持ち続けてもらえるように努めることは、スコアラーに求められた役割を果たすうえで極めて大事なことです。

「問い」に答える準備こそ大切

スコアラーというのは、絶えず質問を投げかけられる存在です。たとえば、長嶋監督はよく「いまのはなんだ？」と試合中に球種を確認してきました。ベンチからだと落ちる系の球はおおよそ判別できるのですが、曲がる系の球の判別はむずかしい。さらに長嶋監督は、球種だけではなく「いまのボールは本当にストライクゾーンに入っているか？　どうだ？　三井」とも聞いてきます。それをベンチから見極めるのはさらに至難の業です。

でも、こちらもスコアラーのプロです。「わかりません」とは答えられませんから、1球1球目を凝らし、ときには〝カン〟も交えながら判別し答えていたのですが、限界がありました。

そこでわたしは、一人ひとりの捕手の体勢やミットの位置、捕りにいくときの動作などを必死に研究することにしました。それぞれの捕手にも癖や特徴がありますから、何百回、何千回と繰り返し見ていくことで、横の視点からでもどういう球種が投げられていて、どんなコースへのボールなのかの判別がつくようになったのです。そういう経験からつくりだした技術は、首脳陣や選手から信頼してもらううえで非常に大きな意味を持ちます。

ただ、どういう球種だったかを知るためには、実際に打席に立った自チームの選手に聞く方法もあるわけです。でも、「いまの球種はなんだった？」とダイレクトに聞いてしまうと、選手たちはスコアラーを信用しなくなります。だから、「いまのは本当にストライクのコースに入っていたか？」と、ストライクやボールの判定について聞くことはありましたが、わたしの個人的なルールとして、球種について選手に聞くのは避けるようにしていました。


それと、自チームの打者にしていたこととして、それぞれがその日どんな攻め方をされていたか、球種とコース、見逃したのか、スイングしたのか、空振りしたのか、コンタクトしたのか、どんな打球にしたのか――。それらをすべて、完全に頭にインプットしておくようにしていました。これもまた、自分のなかで決めたルールです。

選手たちは「○回裏の打席の○球目、自分はファウルにしましたけど、あのときの打ち方どうなっていました？」といった感じで、突然、思い立ったように聞いてくることがあります。そういうとき、適切に「あのときは、かなり変化球のことが頭のなかにあっただろう？　追い込まれてストレートに対応できたのはよかったけれど、少し遅れて差し込まれたよな」というふうに答えることができれば、「ああ、やっぱりそうですか。了解です」と納得してくれる。そんな会話を毎日の試合で続けていくと、いい関係ができてくるのです。

わたしは試合以外でも、ウォーミングアップで選手たちが行うティーバッティングのトス役を務めて、そういうコミュニケーションを積極的にとっていました。

どんなに素晴らしい分析をして優れたプランを立てても、選手が納得して実行してくれなければスコアラーの存在意義はありません。わたしたちが膨大な資料から生み出せるものは、あくまで〝無形〟であることを肝に銘じるべきです。

ユニフォームを着た首脳陣や選手と、我々のようなユニフォームを着ていない側の人間の信頼関係は、チームが地に足をつけてしっかりと戦ううえでとても大事なこと。わたしの場合は、分析力はもちろんですが、説明する努力や技術、記憶力といったものからそれらをつくりあげていきました。計22年間という長い年月にわたって、スコアラーを務めることができたのには、ここに大きな理由があったはずです。

第2章　スコアラーはここを見ている——打者編——

打者は3タイプに分類する

第1章では、わたしが歩んできたキャリアにはじまり、スコアラーの仕事がどういうものなのかについて紹介しました。ここからは、スコアラーの最大の仕事である、観察や分析についての考えを述べていきます。

この第2章では、打者をどう見ていたかの整理をしましょう。

最初に、スコアラーとして打者をどう分類していたかということに触れます。その打者がどんな打撃をして、どんな強みや弱みを持っているかを知るためには、打ち方（打法）に共通する基本的な性質がわかっているとスムーズです。もちろん、この分類だけではとらえられない個性を持っている打者もたくさんいますが、確実にひとつの基準にはなるものです。

まず、わたしは打者を回転軸で分類し、「二軸型」「一軸型（軸足体重型）」「ツイスト型」の3つのタイプにわけていました。同じような見方をするスコアラーもいるはずですが、呼び方はそれぞれ異なるでしょう。ここでは、あくまでもわたしの呼び方と考え方を書きます。

◆二軸型

二軸型は、よく見慣れたオーソドックスな野球選手の打ち方といっていいものです。

ここでは、右打者を想定して説明していきます。右打者にとっての軸足は右足で、ボールを待っているあいだは右足に体重を乗せています。そして、投手が始動しボールが向かってくるのに合わせて動き出します。ここでのステップの大きさや、足を上げたり擦り足だったりは選手によって異なりますが、その後は、左足を踏み出していきます。左足を踏み出したら、軸足である右足に乗っていた体重を左足側に移していく。

踏み出した左足でしっかり地面を摑《つか》み、力が外（背中側）に逃げないようにしながら体重をもっと移し、最後は前に出した左足を軸にしてくるりと回転するのがこの打ち方です。始動時は右足が軸で、最後は左足が軸になるというメカニズムです。両足が軸になることから、わたしは「二軸型」と呼んでいます。

左足を踏ん張ったとき、力を外に逃さないための「壁」をつくれるかがポイントで、そ

二軸型

軸足（右足）から前足（左足）へと体重を移し、
前足を軸に回転する力でボールを遠くに飛ばす。

れがしっかりつくれないと強い打球は打てません。

代表的な打者としては、一本足打法で知られる巨人の王貞治さん、同じく巨人の主軸を張った松井《まつい》秀喜《ひでき》や高橋由伸などもそうでした。

◆一軸型（軸足体重型）

これはいま流行になりつつある打ち方で、角度のついたフライボールを打ちやすい非常にパワフルな打法です。メジャーリーガーや、韓国人選手がよく取り入れています。

ここでもまた、右打者を想定して説明していきます。最初に軸足となる右足に体重を乗せてボールを待つのは二軸型と変わりません。ただ、ボールが向かってきてスイングをはじめてからも体重は右足に残したままという部分が、二軸型と大きく異なるポイントでしょう。バットがボールに当たる瞬間が近づいても、体重は軸足に乗せたままなのです。

そして、インパクト時にうしろの手（右手）をうまく返しヘッドを走らせます。同時に右足に乗った体重をボールにぶつけていく。イメージとしては、右側のお尻《しり》を回しながらバットでボールを押し込んでいくような打ち方です。

これもまた二軸型と異なりますが、体重を左足に完全には移しません。そのため、二軸

一軸型（軸足体重型）

軸足（右足）に体重を残しながら、主にうしろの手を使ってエネルギーをボールに伝えて、遠くに飛ばす。

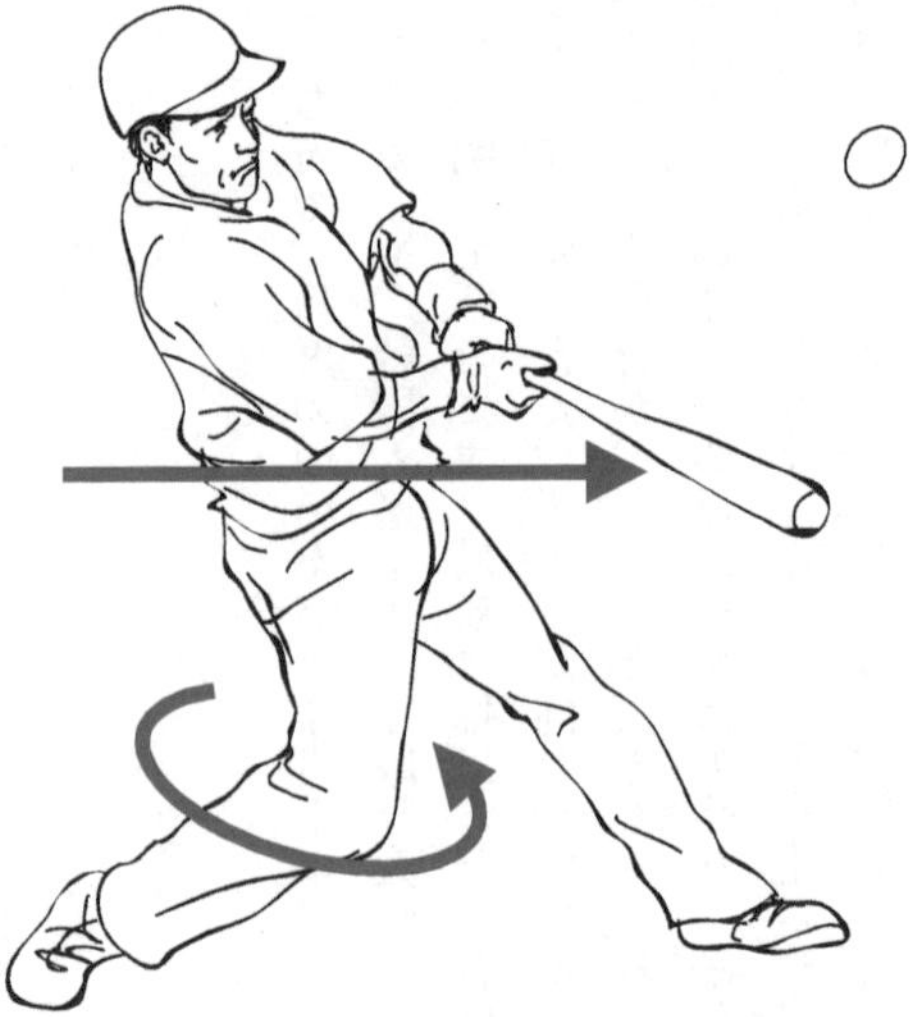

型のように「壁をつくる」「開く」「開かない」といったことはあまり意識されません。

この打ち方で大事になってくるのはボールとバットの距離で、「呼び込みつつも、前でさばく」といったイメージで打てるかどうかがすべて。よく、「呼び込んで手前で打て」という指導を耳にしますが、単純にそう伝えると、力のある投手などには差し込まれてしまうことが多く、後方や逆方向へのファウルになってしまうものです。

呼び込むときにはどうしても頭が前に出るのですが、そうではなく、できるだけ頭をうしろに残し、身体とボールまでの距離を確保して少し前方でコンタクトすると打球がよく飛びます。技術次第では、変化球に対しても前方で拾うことができるので、幅広い球種に対応できるというメリットもある。理想的といえば理想的な打ち方といっていいでしょう。

日本人選手では、西武の中村《なかむら》剛也《たけや》や山川《やまかわ》穂《ほ》高《たか》がこうした打ち方の代表格です。

◆ツイスト型

以前からこの打ち方をする打者はいたはずですが、ここ10年くらいで広く普及してきた新しい打法です。

上半身は普通にボールを打ちにいきながら、インパクトの間際で腰をキュッと逆回転させてねじるのが最大の特徴です。そのため、顔も完全に投手のほうを向かないときもあり、左打者であれば三塁ベースあたりに顔を向けた状態でボールをとらえることもあります。

この打法の代表格はイチローでしょうか。イチローの打ち方をよく見て真似してみると、インパクトのときに腰が逆回転してねじれる感じがわかるはずです。

ツイスト型の特徴は、ねじった腰から脚にかけて二軸型以上に強固な壁をつくることです。これにより、力が外に逃げることなくバットからボールへと効率的に伝わります。イチローがフリーバッティングなどで意図的に飛ばしにかかったときは、メジャーリーグの選手たちにも負けない飛距離を出していたことはよく知られています。あの細身の身体でそれができていたのは、こうしたバッティングスタイルを選んでいたことが影響しているはずです。

ツイスト型のもうひとつのメリットは、少ない体重移動でも強い球が打てるので、ステップ幅などを狭くできることでしょう。ステップ幅を狭くできると目線がブレにくく、広い視野を保ってボールを長く見ることができます。幅広い球種、コースの投球を打ち返せ

ツイスト型

下半身と腕は投手方向に回転して打ちにいくが、
上半身はそれに反するように、
捕手側にねじるように回転させ、力強く打つ。

るため、広角にも打球が飛ばせるのです。

イチロー以外では、中日で活躍した立浪《たつなみ》和義《かずよし》などもこのタイプでした。彼も決して身体は大きくはなかったですが、飛距離を出すこともできました。２０１９年のシーズンをもって引退した巨人の阿部《あべ》慎之助《しんのすけ》は、通常時は二軸型でインコースなどはまわって打つのですが、抜いた変化球などにうまく合わせてヒットにするときの打ち方はツイストを取り入れていました。この阿部のように、ふたつの打ち方を混ぜている打者もいます。

そして、ロサンゼルス・エンゼルスの大谷《おおたに》翔平《しょうへい》もツイストしていて、腰が開かずに、まるで止まる感じで打っています。止まるだけではなく逆回転をして、上体だけがパーンと弾《はじ》けるイメージで打ち、その勢いでボールが飛んでいきます。

また、西川《にしかわ》遥輝《はるき》らを筆頭に、日本ハムの選手にこの打ち方が多いようです。かつてコーチを務めていた白井《しらい》一幸《かずゆき》さんが、練習でしきりにこの打ち方をやらせているのを見たことがありました。わたしたちは、「あくまで練習としてやらせているのだろう」と思って見ていたのですが、試合でもやるようになっていった。以前は二軸と一軸だけで分類していたのですが、その様子を見て3分類にあらためたという経緯があります。

バッティングのタイプ別にある〝強み〟

いま示した３つの打ち方は、どれがよくてどれが悪いというものではありません。どの打法であっても極めることができれば、長打を打つことも率を残すことも可能です。自分の身体に合った、ベストな打ち方を選択することです。

ただ、日本人選手との相性では、ツイスト型は少しむずかしいのかなと見ています。なぜなら、逆回転させた腰でつくった壁は、結局のところかなり強い筋力がなければ壁として機能しないからです。イチローの型を真似してスイングすることはできても、それで彼のように力強い打球を飛ばせるかとなれば、それはまた別問題。思い切って前足に体重を移動させる二軸で打ったほうが、ボールを遠くまで飛ばせるという人は多いはずです。

では、３つの打法の強みがどこにあるかについて書いていきます。まず、打者側に立って、その強みがどこにあるのかを説明します。

◆二軸型の強み

二軸型は、体重を軸足から前足へとしっかりと移動させてスイングすることから、選手の体重を余すことなくボールに伝えていく打ち方です。ストレートのような強いボールも、力負けせずに打ち返すことが可能です。

もちろん、タイミングが合わなければ空振りをしたりファウルになったりしますが、タイミングを合わせて打ち返せたときは、小柄な選手でも強い当たりを打つことができます。そういった特性が、古くより日本人によって好まれてきた理由かもしれません。また、しっかりと身体を回転させてボールをとらえる打法なので、インコースをさばきやすいという特長もあります。

◆一軸型（軸足体重型）の強み

二軸型が〝回転〟で打つ打法とするなら、一軸型は〝衝突〟で打つ打法という表現がふさわしいでしょう。重心をうしろに保ったままボールを待ち受け、目一杯溜《た》めた体重は主にうしろ側にある手を通してバットに伝えることから、アウトコースへの対応も有利になります。

◆ツイスト型の強み

ツイスト型は、それぞれの打法の説明でも述べたように、ボールを長く見ることができるため、あらゆる球種やコースに対応できます。このメリットを生かし、詰まった打球を内野手のうしろに落とすようなヒットを稼ぐ打者もおり、多少読みとちがったボールがきてもアジャストできるのはこの打法の大きな強みです。そうした特長を持ちながら、飛距離も出せるという部分もメリットのひとつでしょう。

各タイプの打者を抑えるための基本方針

次に、投手側に立ってどのような攻略法があるかを考えてみます。

◆二軸型の攻略

ストレートをしっかり打ち返すことやインコースへの対応などに強みを持つ二軸型です

が、タイミングをずらされたときはややもろさがあります。この打法は軸足から前足へのダイナミックな体重移動を要するため、いちどスイングをはじめてしまうと、ほかの打法よりも微調整が効きにくいのです。

投手側とすれば、ストレートを待っているところに球速帯や軌道がストレートに近いカットボールなどの中間球を投げ、タイミングを少しずらしてジャストミートを阻むという攻め方が効果を挙げやすいでしょう。

◆一軸型（軸足体重型）の攻略

一軸型は、重心がうしろにあることが影響し、インコースが窮屈になりやすいという弱点があります。投手はそこを思い切って攻めていくのが攻略のセオリーでしょう。ただ、スイングスピードの速さを生かしインコースをさばくことができる打者もいますし、インコースを攻めて失投が甘いコースに入ってしまうのも怖い。インコースへの弱さは、あくまでもひとつのポイントであると考えるべきかもしれません。

もうひとつ有効な攻め方としては、緩いカーブなどを使ってスイングのタイミングを崩すことです。打者側からすれば、前に突っ込まずに、ヒッティングポイントまでの距離をある程度とることが重要ですが、緩いボールをうまく使ってその感覚を狂わせることができれば強い打球が生まれにくくなります。そうなれば、打ち取れる可能性も高まります。

◆ツイスト型の攻略

幅広い対応力を備え、多少詰まってもヒットにしてくるツイスト型の打者は、投手からするといちばんやっかいな打者のタイプです。

攻略で思い浮かぶのは、インコースを重点的に攻め、最後は外で仕留めるというオーソドックスな配球パターンになってしまいますが、打ち取るセオリーとしてはそのくらいなものです。この打法を選んでいる強打者との対戦では、「シングルヒットだったらＯＫだ」と考えていました。

打てるか打てないかは「割り」で8割決まる

わたしは打者を観察するとき、スタンスやバットの立て方など、最初の構えはあまり気にしません。始動してから、もとのスタンスと比べ大きく前にステップすると、どうしても目線がブレて上下動するため避けるべきですが、構えは基本的に十人十色でいいという考え方でした。

なお、「タイミングの取り方」についても同様で、その選手がいちばんしっくりくるやり方を貫くべきです。タイミングというのは、他者が大きくいじってはいけない領域だと見ています。

構えよりも大事なのは始動後です。投手が投球動作を開始しボールを離す。打者はバットを引き、軸足に体重を乗せ前足を踏み出す。このスイングをはじめる瞬間の型のことを「割り（割れ）」といいますが、これが軸足に体重を残した正しいものになっているかどうかで、打者が打てるかどうかが決まるといっていいでしょう。

そのあと、0・3〜0・4秒後にはボールがヒッティングポイントに到達します。その一瞬のあいだに球種やコースに合わせてバットを振るわけですから、そこからフォームの調整はほとんど効きません。言い換えれば、調整が効くのは割りをつくるところまでということになる。しかし、逆に割りさえ正しいものになっていれば、おおむねスイングもいいものになります。

一流選手のスイングの連続写真や動画などを見ればわかりますが、この「割り」の型というのは、どの選手もかなり似かよっています。「割り」に至るまでの構えや予備動作は打者によって千差万別ですが、打つ直前はほぼ同じような型を経由しているのです。日本人にとっては奇抜な構えに映るようなメジャーリーガーのスイングでも、この瞬間だけを見れば著しくおかしな型になっていることはありません。

スコアラーが打者の状態を把握しようとしたとき、割りはこのうえない材料となります。割りが明瞭《めいりょう》につくられておらず上半身で振りにいってしまっている打者を見つけた場合は、「インコースを速いボールで攻めれば詰まる可能性が高い」と判断し、チームにそのように伝えます。逆に見送ったときの割りがどっしりとつくられている打者を見つけたときには、いつも以上の警戒が必要です。

こうした観察は、もちろんスコアラーではなくても随時行っています。真っ先に行うべきは捕手でしょう。守っている位置が打者にもっとも近くいろいろな情報が拾えますから、相手打者の兆候を細かく見ることができます。捕手とスコアラーは役割が重なっていることも多いため、若手捕手とはよく議論していました。観察に基づかない〝自分の頭のなかでつくった物語〟で判断を下している捕手もなかにはいるのですが、「打者の反応を1球1球ちゃんと見たほうがいい。自分が描いた物語だけで勝負せずしっかり観察しないと、いつか手痛い失敗を食らうから」とよくいっていたものです。

そんな若い捕手が、わたしたちスコアラーの言葉を受け入れて進歩を見せてくれることもありました。捕手というのは、スコアラーが提供する〝無形の力〟をもっとも活用できるポジションなのです。プロ野球選手になれるくらいの技術や身体を持ち合わせているのですから、それを最大限に生かすためにも、バッテリーコーチやスコアラーの助言に耳を傾けてほしいといつも思っていました。

「追い込まれても平気」は一流の証明

時々、甘めに入ったストライクゾーンのボールを悠々と見逃す打者がいます。わたしにとって身近だった選手でいうなら、巨人の主砲・松井秀喜がそうでした。松井がレギュラーに定着した1994年は、わたしがスコアラーとして高く評価してもらえるようになったころでもあり、立場こそまったくちがいますが、「共に戦ってきた同志」という思いが強くある選手のひとりです。

松井という打者は、甘めのストライクでも平気で見逃す選手でした。理由を聞くと非常にシンプルで、「どんな攻め方をしてくるかわからなかった」からだというのです。でも続けて、「自分は、追い込まれてからのほうが相手バッテリーの考え方が見えてくるんです」とも。

速いボールで追い込まれたときの最後は、落ちる系の球やタイミングを外す遅い球になりがちですし、遅い球でカウントを取られたら最後はズバッと意表をついて速いボールがくることが多くなるのは想像がつくでしょう。そういう見当をつけるために、松井はじっくりと〝情報〟を集めていたのです。

打者というのは、三振を恐れ追い込まれることを極端に嫌がります。でも松井のような超一流の打者だと、「追い込まれたところで、バットに当てることはできる」という自信があるのでしょう。

ちなみに、松井という打者はわたしが見る限り、よほどの場面以外においてはほぼ全打席ホームランしか狙っていなかったはずです。それをチームからもファンからも求められる役割でしたから、プロの選手として当然なのかもしれません。ただ、チーム状況が思わしくなくどうしても勝たなければいけないというときは、チームバッティングを心掛けていたようです。そんなときの松井は、見事なまでに広角へと打球を打ち、巧みにヒットを重ねていきます。

松井は、「チームバッティングだけをしたら、3割4分とか3割5分は打てますよ」とはっきり口にしていて、実際にそれくらいのペースでヒットを打ちました。ですから、しっかりバットにボールをミートしてヒットゾーンに飛ばすことだけに集中すれば、かなりの確率でヒットを量産できたのでしょうし、首位打者のタイトルを何度も獲得したはずです。

イチローの長打力のことを前述しましたが、松井も含めて、超一流の彼らはなにかを自分のなかで「捨てている」のだと思います。わたしたちの目に見えているそれらのバッティングは、彼らが持っているもののごく一部でしかないということです。

「高校通算○ホーマー」といったような看板を掲げてプロ入りしたホームランバッターが、プロでもそのままのスタイルでやっていけることはほとんどありません。投手のボールを強いスイングでとらえ遠くに飛ばすというのは、そのレベルで圧倒的な能力を示せる選手だけができることなのです。そういうことを前提に考えると、プロの世界でも遠くに飛ばせる打者というのは、それ以外の大抵のことはできると見ていいのかもしれません。

初球「ストライク」と「ボール」の大きなちがい

1998年に巨人に入団し、初年度から打率3割を達成するなど天才的な打撃技術を誇った高橋由伸は、超早打ちといっていい積極的な打者でした。初球のインコースの真っ直ぐはもちろん振っていく。外から入ってくるスライダーも振りにいく。では、右投手が投げた外に逃げていくシュートはどうか？　ストライクゾーンにかかっていれば振りにいきます。そんな打者です。

高橋は例外的な打者ですが、各打者の情報を集めていく過程で、その打者に対してストライクを取るのにベストなコースや球種が見えてきます。「初球の真ん中寄りのストレートやスライダーはほぼ振ってくる。ただ、ほかのボールに対しては振らずに見てくる傾向がある」といったデータが収集できれば、振りにこないコースや球種でストライクを取ることができます。そうなれば、その打者との対戦はだいぶ楽になる。

初球でストライクを取れるというのは、そのあとの配球の組み立てを考えるとやはり大きい。ひとつストライクを先行させることで、そのあとの2球はボールゾーンとストライクゾーンのギリギリを狙った厳しいコースをつくことが可能になるからです。もし、そのうちの1球でも振ってもらえれば、1ボール2ストライクのカウントをつくり出すことができる。こうなると、今度は2球、もしくは3球厳しいコースをつくことができます。つまり、最初の1球でストライクが取れると、そのあとはずっとボールゾーンを中心としたピッチングで勝負できるのです。当然ながら、ヒットを打たれるリスクは大幅に下がる。

対照的に、初球がボールになると投手はとたんに苦しくなる。そこから2ボール0ストライク、3ボール1ストライクといったストライクを投げざるを得ない打者有利なカウントにしてしまうと、スコアラー目線でいってもしんどいものがあります。つまり、アウトカウントを容易に稼げるような弱点が多い打者でも、簡単には抑えられなくなってしまうのです。厳しい言い方になりますが、そういうときはバッテリーが責任を負うべきであって、スコアラーの責任の範疇《はんちゅう》からははずれてきます。

それぞれの打者から、初球のストライクを取る方法を考え尽くしていたのが野村克也監督率いるヤクルトでした。野村さんが監督を務めていたときのヤクルトの投手陣の配球は、いとも簡単に初球でストライクを取り、カウントを有利にしていくことを狙った策を徹底的に講じていました。初球からポンポンストライクを投げ込んできて、バッテリー有利な状況をつくり出してくるのです。データに裏付けされた配球パターンを確立していたのでしょう。

ただ、そういうセオリーにとらわれない特殊なバッテリーもいました。球界を代表する軟投派左腕として長らく先発ローテーションを守り続けた中日の山本昌《やまもとまさ》と、２００２年に横浜から中日に加わり、ただでさえ盤石だった中日の投手たちの力をさらに引き上げることとなった捕手・谷繁元信のコンビがそうでした。彼らは松井秀喜をピンチで迎えると、初球からコースギリギリを執拗《しつよう》についてきました。松井は選球眼もいいですから、そのギリギリのコースを続けて見送ることができる。すると、３ボール０ストライクという、完全に打者有利なカウントができあがります。

チャンスで3ボール0ストライクになれば誰でも四球が頭をよぎりますから、よほど甘い球でない限り打者は打ちにいきません。あの松井でさえ、1球くらいは見送る気持ちでいます。

それを見越してか、甘いコースにスピードを殺したカーブかなにかを投げてストライクをひとつ取って、次はキレのいいスライダーでストライクを取ってフルカウントに持っていく。ここまで、決め球のスクリューボール（シンカー）は残した状態です。

そして最後は、山本昌がもっとも得意とするスクリューボールが松井の膝元《ひざもと》に食い込んでくる。結果、打球は詰まって内野ゴロに。

最初こそ、「さすがにたまたまかな？」と思ってその対戦を見ていたのですが、何度かそれが繰り返されたので、おそらく山本昌と谷繁のバッテリーはあえてそういった攻めをしていたはずです。当人たちに確認したわけではありませんが、意図的なものだったと見て間違いないでしょう。

すべては、山本昌の制球力と谷繁の度胸があったからこそ成せる業でした。常人には真似のできない、極めて特殊なリードです。

打者の無意識な動作にも情報がある

打席周辺での相手打者の細かい動作にも、打ち取るヒントが隠されています。たとえば、投球の合間などに打席内でバットをぐるぐるまわしたり、ブラブラと行き来させたりする「ワッグル」と呼ばれる動作があるのですが、そういった動作を見せる選手は比較的打ち取りやすいと考えていました。

ワッグルをする際は、投手に対し横を向いていた上半身を回転させ、投手にユニフォームの胸のマークを見せるような動きを繰り返すことが多いものです。ただこの動きは、肩が開いて力強いスイングができなくなる動作です。つまり、正しいバッティングを心掛けた場合、好ましくない動きということ。それが癖になっている打者は、実際に投手と対峙《たいじ》するときもその癖が出てしまい、インコースが詰まりやすくなるケースが多くあったのです。

見方を変えると、ワッグルは打者のインコースに対する強い意識の表れということです。「インコースは得意ではないから、なんとかさばかないといけない」といった危機感からやってしまうのでしょう。失投せずインコースの適切なゾーンに投げられれば、高い確率で手を出し凡打してくれます。

ただ、イチローなどもそうした動作をいつも見せていましたし、ワッグルをしてもインコースをさばける選手もたくさん存在します。ですから、あくまでも打者を打ち取る際のひとつのヒントとするのが正しいでしょう。


それから、ネクストバッターズサークルでの動きにも目を配っていました。力の入れ加減は選手それぞれですが、打者は大抵の場合、打席でのスイングをイメージした動作を繰り返しています。そのとき、どこのコースをイメージして振っているかは打ち取るためのヒントになる。直後に対戦する投手のボールをどう打つかをイメージして、「アウトコースのスライダーを逆方向に打ってやろう」などと考えながらバットを振ったり動かしたりしています。

もちろんその動きからの推測がすべて的中するわけではありませんが、どのような狙いでバッターボックスに入ろうとしているかが見えてくることもある。ほとんどそれらは無意識レベルの動作なのですが、意外とこれは盲点で、打者の気持ちや意識が出ている場面です。

それこそ、ネクストバッターズサークルではいつもなら「速球に打ち負けないぞ」とばかりに高めを大きく振っているような打者が、鋭いスライダーをとらえるかのようなコンパクトなスイングで素振りをしていたら非常にわかりやすいかもしれません。ストレートよりは変化球に意識がいっている証拠だからです。しかし、ベンチやバックネット裏から見ているスコアラーは、その動作がわかっても瞬時に試合で生かすことはできません。ですから、自軍の捕手には、「ネクストバッターズサークルでの選手のスイングも可能な限り見ておくように」と指示を出していました。

このほかにも、打席をはずして一呼吸おく動作をする打者がいますが、それが狙い球を変えるタイミングのルーティンになっていることもありました。もちろん、それらの情報も検証を行い、確かであれば捕手へとしっかり伝えていきます。

いくつか具体例を挙げましたが、打者の頭のなかを探るヒントは思わぬところに転がっているものです。特に、打者自身が強く意識している弱点が表れやすかったりするので、注意深くいろいろなところに目を向けてみると大事なことがわかります。「スコアラーはそんなところまで見るのか。なかなか大変な仕事だな」と思うかもしれません。でも、その積み重ねが、チームの1勝につながり、選手たちの年俸にも大きな影響を与えるのですから、やはり手を抜くことはできないのです。

ボールの見逃し方から見える打者の意識

打者の分析においては、1打席ごとにおける見逃し、ファウル、空振りを追いかけていくことはスコアラーにとっての重要な作業です。なぜなら、これも選手の頭のなかを覗《のぞ》くための大事な情報源だからです。

見逃し、ファウル、空振りから、わたしがなにをどのように解釈しているのかその一例を紹介します。丸カッコ内の言葉は、わたしが頭のなかで感じたことです。

【初球：真ん中のストレート…見逃し】

（え、なんで振らないんだろう？）

【2球目：ストライクになる変化球…スイングして強い打球を放つ】

（ああ、変化球待ちだったのだな）

この場合であれば、とてもシンプルな分析です。ですから、特に考えることはありません。ただ2球目の対処が異なると謎が深まります。

【初球：真ん中のストレート…見逃し】
（え、なんで振らないんだろう？）
【2球目：ストライクになる変化球…見逃し】
（いったい、なにを考えているんだ？）
【3球目：フォークボール…空振りして三振】
（この打者は集中力を欠いていたのか？）

結果として三振を取れたのはよかったのですが、不可解で少し不気味です。この打席を見る限り、なにをしたかったのかが見えないからです。こうなると、この打席を〝洗う〟必要性が出てきます。調べていくと、「結構気まぐれで、1球ずつ狙い球を変える傾向が強い選手」という性質が見えたりする。どちらかといえば抑えやすい打者だとわかったので、不気味に思ったのは取り越し苦労だったということになります。そんな地道な作業をひたすら繰り返していくのです。

情報が集まれば集まるほど、その打席で打者がなにをしようとしているかがわからないケースは減っていきます。ですから、対戦相手の情報が揃った状況をいかに早くつくり出すかがカギとなるのです。スコアラーがキャンプからオープン戦期間にかけて駆けまわるのはそういった理由からです。実際に、キャンプや紅白戦から見えてくるものはわずかなものかもしれません。特にベテラン選手などは完全な調整期間にあてているだけのこともあるので、そこで得たものが活用できることは少ない。

ただ、新人選手や日本の環境に必死になって適応しようとしている新外国人選手などは、ダイレクトに自分のスタイルを見せてくれることもあります。「できるだけ情報が集まった状態でシーズンを戦いたい」。そう思いながら、スコアラーは日々データを集めていきます。

次の例に移ります。

【初球：真ん中のストレート…振り遅れてファウル】

（流しにきたのか？）

【２球目：真ん中のストレート…引っ張ってファウル】

（いや、引っ張りにきていたのか。でもこれで追い込んだ。今度はどうするんだ？）

引き続き真ん中からインコースを待って引っ張りにくるのか、それをやめて逆方向に流しにくるのか探ってみたいところです。クレバーな捕手であれば、１球アウトコースにはずれる変化球かなにかをあえて要求して、それを試してくれます。

【３球目：アウトコースのボールゾーンへのスライダー…踏み込みながら見逃し】

（踏み込んできたから意識が逆方向に向いていた。追い込まれて流すことにしたんだ）

というようなことがわかります。

この結果とはちがい、踏み込むのではなく、２球目のときの対応と同じようにやや開き気味で引っ張りにかかっていたら、「追い込まれているのに、もう１球甘い球がくると思っている楽観的な打者かもしれない」という情報が取れます。

読みがまったく見えなかった落合博満

このように見逃し方を観察しながら、打者の考えていることであったり、その打者の性格だったりを見ていくのですが、その考えがまったく読み取れない選手もいました。その代表格が落合《おちあい》博満《ひろみつ》さんです。落合さんはどんな球でも同じように見逃しますし、同じようにバットを出す天才的な選手でした。

その落合さんで忘れられない試合があります。１９８９年8月12日、ナゴヤ球場での中日との一戦です。

抜群の安定感を見せ、この年20勝を挙げることになる巨人のエース・斎藤《さいとう》雅樹《まさき》がこの日も快投を見せ、9回裏1死までノーヒットピッチングを継続。大記録達成に、あとふたりまで迫っていました。しかしここから乱れ、1点を奪われ3対1に詰め寄られます。どうにか2死までは漕《こ》ぎ着けましたが、三塁と一塁に走者を置き、この日4打席目となる4番・落合さんに打順がまわります。

この日の落合さんは、なぜか引っ張りにかかっていました。しかし斎藤は球威のあるストレートでそれを許さず、1打席目は四球、その後はライトフライ、セカンドフライに打ち取っていた。

この4打席目、斎藤は1ボールから、前の2打席の再現を狙いアウトコースにストレートを投げ込みます。直後、わずかに遅れて落合さんのバットが出てきて、このボールを的確にとらえます。落合さんらしい右方向への強い打球が伸び、右中間スタンドに飛び込みました。まさかの逆転サヨナラホームランです。

この劇的な一打がなにを意味するのでしょうか？　それは、なんの前兆も見せることなく、打ち方、狙い球、または打つ方向を変えてきたということ。つまり、最後の打席への布石を1打席目と2打席目でうまくつくられて、巨人バッテリーはまんまと落合さんの罠《わな》にかかったというわけです。もちろんこの試合でも、落合さんの打席におけるすべての動作を細かに観察していましたが、どこかのタイミングでなにかを変えたことをうかがわせる一切のヒントはなかった。

「え、なんで？　落合さん、今日はずっと引っ張りにきていたのに……」。唇を嚙《か》み締めながら天を仰ぐしかありませんでした。

空振りのスイングから見えること

打者の空振りは、その選手の弱点が出ることが多い部分です。上体を崩して空振りしたときなどは、スコアラー目線でいくと続けて同じ球を投げたらどんな対応をするのか見てみたいと考えます。

そうしたチェックを重ね、たとえば「ベースに乗る低めのボール球の変化球は、ほとんどの場合でスイングしてきてかなりの確率で空振りをする」といった特徴が見えてくれば、「困ったらそこを攻めておけば安牌《あんパイ》だ」となり、弱点集中型のような攻め方が可能になります。

関連することとして、そのボールに対してスイングしてきたという事実は、どんなボールが好きなのかをつぶさに教えてくれます。

たとえば初球に高めのストレートがきたときに、毎回のように思い切り振ってくるとなれば、「この打者は、ハイボールヒッターかもしれない」となる。インコースのボール球をいつでも振ってくるとなれば、「意識は大体インコースにある。ちょっと甘くなってもいいから基本はアウトコースで勝負しよう」という具合です。どんなボールを好んで振ってくるかは、頭のなかの本人のストライクゾーンが、どこに〝傾いているのか〟を見極めるヒントになるのです。

いくらプロの選手でも、ストライクゾーンのすべてをカバーして打つことはできません。ストライクゾーンを9マスにわけて、それぞれの打率を出したデータを見たことがあると思います。ああいったものを見ると、どんな優秀な打者でも均等に打っているわけではないことがあきらかに見えてくる。それこそアウトローなどは、どの打者でも低い数字になるのがセオリーです。世界中のあらゆる打者が十分にカバーできない、または、カバーしたとしてもヒットにしにくいコースなのです。

投手側に立てば、いつでも打者の弱みを簡単につくことができれば、おそらくその投手は好成績を残せます。でも、百発百中で捕手が構えたコースに投げることはできませんし、それができないから野球は複雑になっていき、いろいろな駆け引きが生まれるのでしょう。

１９８０～１９９０年代の巨人軍には、「３本柱」と呼ばれた斎藤雅樹、桑田《くわた》真澄《ますみ》、槙《まき》原寛己《はらひろみ》がいましたが、どちらかといえば力で抑え込んでいた槙原は別として、斎藤と桑田はコントロールが抜群によく、細かい駆け引きをそこまでしなくても抑えることができていました。それが、巨人にヤクルトの古田《ふるた》敦也《あつや》や中日の谷繁元信のような〝策を講じる〟タイプの捕手があまり現れなかったひとつの理由なのかなと見ています。

構えたところにズバッといい球がくるのですから、彼らが投げるとき、捕手は普段より楽をさせてもらっていたと思うのです。

好不調のサインを見逃さない

先に、不調の打者は「割り」の型がおかしくなっているケースが多いということに触れましたが、好不調の読み取り方について、もう少し詳しく書いていきます。

割りの型ができる際に、肩と腰と膝とのラインが崩れず、どっしりとした型のまま無駄な動きをともなわずにボールを見逃しているときは絶好調といっていいでしょう。ですから、「少し不調かな？」と感じたときは、その好調時の姿を記憶から呼び起こして、どのくらい調子が乱れているかを注視していきます。

また、打者がボールを見逃すときの動作にも注視していました。投手が投げたボールを捕手のミットまで目で追いかけることができていないときは、多くの打者が不調に陥っています。バッテリーの配球を読むことに必死になるなど、なにかしらの迷いが生じているのだと思われます。

一方、好調な打者は捕手のミットまでボールを追いかけて見送ることができています。ミットに入ったボールの位置を正確にチェックして、次のボールに備えているものです。

また、バットが下がっている場合も見逃せないポイントです。疲れが出てきたり、結果をほしがり過ぎて強引になっていたりすると、グリップ付近に普段はできない遊びができてしまい、どうしてもバットが寝てしまうのです。バットが寝てしまうと手首が投手のボールの力に負けてしまうので、その選手の本来のバッティングはできません。

それから、変化球攻めを繰り返されたときなどによく起こるのが、「軸足の膝が折れる」という現象です。あらゆる変化球にタイミングを合わせることができるよう、下半身を柔らかくしようとする意識から起きるのですが、割りのときにどっしりと体重を支えなければいけない軸足の膝が必要以上に曲がってしまうと、速いストレートへの対応が悪くなります。

先乗りスコアラーたちは、相手の打者がどんな調子かを知る材料として、このあたりを見てチームに報告しています。「見逃したときにバットが落ちている」「グリップに遊びが出てスイングの軌道が狂っている」「膝が折れていて、速いストレートが打てていない」。さらには、それがどのくらい深刻かを考え、「2～3週間では元に戻らないかもしれない」などと詳細に伝え、自チームのバッテリーが戦ううえでのアドバンテージにしてもらうのです。

なお、そういうズレが生じたときに打者たちがよくやる練習のひとつに、バッティングピッチャーに遅いボールを投げてもらい、しっかりと割りを確かめながら打っていくというものがあります。そういう練習をしているかどうかを見ておくこともまた、打者の状態を知る際のヒントになります。

「打てる捕手」がプロの世界で希少な理由

投手の心理をよく知っている捕手ですが、彼らの打率が低いことを不思議に思うことがあるはずです。マスクを被《かぶ》っているときに相手打者と行っている駆け引きを自分の打席で上手に活用できれば、もっと打てそうな気がします。

打てる捕手が少ない理由を考えていくと、まず、捕手というポジションは求められる要求があまりに多く、誰にでも守れるポジションではないことが挙げられます。肩の強さは必須《ひっす》ですし、野球をよく知っていることや、コミュニケーションが上手であることなど、列挙していくときりがありません。その結果、バッティングはどうしてもあとまわしになる。

もちろん、捕手はスローイングやキャッチングの練習に割く時間も長く、全体の練習量に占めるバッティング練習がほかの野手に比べて少なくなります。投手がピッチング練習をするときに、ブルペンにいく機会が多いという理由もあるでしょう。アマチュアでは好打者だった投手のバッティングが、打撃練習の時間がほぼ取られていないプロでは通用しなくなっていくのと近い理由で、捕手のバッティングも伸びなくなっているはずです。

それでも古田や阿部、メジャーリーグでも活躍した城島、現役では西武の森友哉《もりともや》のように、ずば抜けて打てる捕手も現れます。身も蓋《ふた》もない話ですが、これについては彼らに素質があったというのと、バッティングが好きで、捕手としての練習をしながらも打撃練習にしっかり取り組んできたからではないかと思います。

また、捕手特有の配球に関する考え方も影響していると見ています。打てない捕手というのは、〝自分の頭のなかで描いたもの〟へのこだわりが強いような感じがします。

たとえば、初球にアウトコースのストレートがきたとしましょう。捕手というのは、「自分のリードがいちばんだ」と思っている節があるので、「自分だったら、次はインコースに投げさせる」などと判断し、そこでインコースを待ったりします。でも相手はまったくちがうことを考えていて、そういった読みの〝裏〟にあたるアウトコースを投げられたりします。そういう打席を見ながら、「向こうの捕手は自分と同じではないんだよ」ということはよく思っていました。

たとえば阿部は、１球ずつヤマを張りません。彼は、「この投手はスライダーが得意だから、スライダーを狙おう」といった程度の読みにとどめ、自分のなかで大がかりな物語をつくって細かく読むようなことはしないのです。そういう捕手は打てます。

捕手があまり打てない理由の大部分は選手が備えた元々の素質の差ですが、かたくなに自分の頭のなかで物語をつくり、それに沿った勝負をしてしまうことも影響しているはずです。いわば、野球をよく知るからこその弊害なのです。

わたしがスコアラーを務めていた時代の打てる捕手のひとりが、１９９０年にヤクルトに入団し、２年目には打率・３４０というハイアベレージで首位打者を獲得した古田でした。知的なリードの印象もありますが、打者としての素晴らしさも常に感じていました。わたしはデビュー時からずっと見ていましたが、とにかくスイングが入団当初から凄《すご》かった。１年目こそ下位打線を打っていましたが、「これは下位のスイングじゃない」と確信を持っていたほどです。当時ヤクルトの監督だった野村さんも、当然わかっていたはず。でも、最初はバッティングを脇に置いておいて、捕手の練習を徹底的にやらせたのではないかと思うのです。

さかのぼると、１９９２年のシーズン途中に巨人に加わった大久《おおく》保《ぼ》博元《ひろもと》も、打てる捕手を探すなかトレードで西武から獲得した選手でした。じつはわたしもチームに大久保の獲得をすすめたひとりです。古田と同様にスイングが素晴らしく、「出場機会さえ与えれば絶対打ってくれるはずだ」と信じていました。交渉はうまく進みトレードは成立。大久保はその年、84試合に出場して15本塁打を放つ期待通りの活躍を見せてくれました。

フリーバッティングを見て不調を見抜く

フリーバッティングへの取り組み方は、各選手それぞれです。ケージに入って初球からいきなり思い切り振るのは、ほとんどの場合が代打を本業とする選手たち。彼らは試合でも1打席勝負であり、もっといえば1球に勝負をかけますから、ケージに入って1球目から強い打球を打ってきます。ほかの選手と比べて力強い当たりが多くなるので、「なんだか調子がよさそうだ」と感じることがありますが、その選手の置かれた背景は考慮すべきでしょう。

　スタメンで出る選手たちは、まず反対方向を意識して打っていきます。反対方向から打っていって、最後は強く引っ張ったりするのが一般的なパターンです。

　最初に反対方向におっつけて打つときに、少し打球が弱かったりすると「疲れているのかな？」とか、「調子が悪いのかな？」と考えます。そういうシグナルが出ている打者に対しては、なぜ打球が弱いのかスイングをよく見て好調時との差を探します。大抵の場合は、大振り気味になっていてバットが遠回りして出ていたりするので、そういう兆候を発見したらメモを取り自チームへの報告の材料にしていきます。

　また、バッティングピッチャーが投げる球は１２０キロそこそこなので、勢いのない〝死に球〟に過ぎません。ですから、一流の打者なら10球中10球をスタンドに運べてしまうくらいのボールだといえます。それを何度もファウルにしているような打者がいれば、やはりなにかがおかしいと考えるべきでしょう。

バッティングケージからも出ていかないような、チップしたファウルを繰り返すケースは捕手によく見られます。「大丈夫なのだろうか……」とも思いますが、捕手は肉体的な負担が大きく、疲労が出やすいという特徴があるから致し方ない部分もあるのです。打球が前に飛ばないのは、疲労が原因である可能性は十分にあり得ます。ただ、厳しい見方をすれば、プロの選手なのだからキャンプでしっかり身体を鍛え、1年間コンディションを保つのが目指すべき姿でしょう。

フリーバッティングは、選手のコンディションを試合とは別の角度から確認できるいい機会です。球場を訪れる際、少し早めに到着すればその一部を見ることができるところもあります。継続的に見なければ判断がつかないという制約こそあれ、ケージのなかの打者に注目してみるのも面白いかもしれません。

実力が未知数の打者をどう評価するか

実力が未知数の選手との対戦は、過去のデータが不十分だったり、多少のデータがあっても短期間で急成長を遂げたりすることがあるため、対応がむずかしくなります。二軍から一軍に上がってきたばかりの打者のほとんどは、一軍投手のレベルに苦労します。この段階で打てていないのは、単なる慣れの問題であることも多く、評価を下すまでには時間を要します。

ただ、そんな状況でも、スコアラーとして注目しておくのは甘い球がきたときにどれくらいの確率で仕留めるかという部分。

一軍の投手が投じる厳しいコースのボールは打てないとしても、甘いコースにきたボールを見逃さず、一発でいい当たりにできる打者は「ちょっと警戒が必要だぞ」と考えます。2球かかるのであれば「まずまずかな」、甘い球がきたときミスショットを繰り返して3球以上ファウルにしてしまうような打者は、「ちょっとまだ一軍では厳しいかな。当面は抑えるのに苦労しないだろう」といった印象を抱きます。この目付けは重要で、その選手がいまどのくらい活躍できる選手なのかを見極める材料になります。

また、結果そのものとは別のところでいくと、2ストライクまで追い込まれたときにバットにボールを当てやすく空振りを避けやすいノーステップ打法に変えてきたり、バットを短く持ったりするという工夫にも注目します。特にバットを短く持っているときに打撃がどう変わるかは、攻略のヒントになるので大事な情報です。短く持ったうえで強く振ってくるのか？　逆方向に合わせようとしてくるのか？　追い込まれたカウントでの打者の変化は、これから先の攻め方を考える際に必要ですから、一定の評価をすると同時に粛々と情報も取っていきます。

　カウントが追い込まれる前もあとも同じように構えて同じように打つ変化に乏しい打者と、カウントが追い込まれたときに明確な狙いを見せてくる打者とでは、後者のほうが早く活躍できる可能性は高いでしょう。やはり、工夫できる選手とできない選手の差は大きいものなのです。

　新人選手、もしくはキャリアのまだ浅い若い選手、新外国人選手などは、本来持っている能力を見せるまでには多少の時間がかかります。ただ、総合的な評価はできない段階であっても、努力次第で細かい部分を探ることはできる。日本野球への適応を急ぐ新外国人選手は当然のこと、新人選手やキャリアの浅い選手にもオープン戦では出場機会がありますから、そこでしっかり観察し少しでも情報を得ておくしかありません。シーズンが深まり、そうした選手が一軍に上がってきたときに慌てずに対応するためには、たった1打席から見えるヒントですら無駄にはできないのです。

甘い球を確実にとらえる選手は一軍でやれる

スコアラーたちは、時間が許せば二軍の試合をチェックすることもありますが、そこでの選手のプレーには、一軍に上がってきたときのことを考えるうえで参考になるものとならないもの、どちらも含まれます。

新戦力の一軍でのプレーを見るときと同じですが、やはり打撃フォームそのものよりも、失投を一発でヒットにしているかがポイントです。仮に二軍で20本くらいホームランを打っている選手がいたとしても、それが見逃しやミスショットをたくさん費やしたうえでのものなのか、はたまた少ないスイング数で稼いだものなのか。そういった内容によって、価値はあきらかに変わります。二軍では抜群に打っているけれど、一軍に上がるとまったく力を出せないということがよく起こるのは、打率やホームランの数だけでは見えない部分に理由があることは多いです。

聞いたところによると、広島では二軍の選手がストレートを簡単に見逃して三振を喫すると、コーチから強く叱責《しっせき》されるそうです。それは、ストライクを漫然と見逃さない姿勢を叩《たた》き込んでいるのだと思います。一軍の投手のレベルは二軍の投手のレベルとは雲泥の差がありますし、甘い球を一発で仕留めない限り率は残せない。だからこその、厳しさなのでしょう。広島の打者が球際に強いのは、そうした指導の影響もありそうです。

また、別の角度から見た場合、二軍でそれなりの打撃成績を残しているのに一軍に上がれない選手は守りに課題があって、守備位置や守備シフトへの対応などで問題を抱えていることもよくあります。一方、二軍での打率やホームラン数はそこまでではないのに、案外ミスショットが少なく、甘い球を確実にとらえることができる選手や、いろいろなポジションを守れる器用さを備える選手、守備シフトなどを理解できる賢い選手などが、〝二軍の帝王〟のような選手を差し置いて一軍に定着してしまうといったことはよく起こります。

付け加えるなら、二軍でのプレーから実力をチェックしやすいのは打者よりも投手です。

とにかく、捕手の構えているところに何球いくかが指標になります。

ストライクゾーンかボールゾーンかは置いておいて、とにかく要求したところにどれくらい投げることができるか、逆球がどれだけ少ないか、ということがすべてです。

端的にいうと、一軍の投手は捕手が構えたところに10球中８球、二軍の投手は10球中５球、三軍の投手は10球中３球というところでしょうか。

これに準拠すれば、おおまかにその投手がどのレベルにあるかを把握することができます。投げ方がよくなったか、スピン量は増えたか、ボールの軌道はよくなったかといったデータも確かに大事なものですが、三軍や二軍にいる選手たちの一軍との距離は、まず制球のレベルに表れています。

投げるボールの質が高まるにつれ、仮に手元が狂い甘い球を投げてしまってもファウルを取れるようになっていきます。するとカウント有利に打者との対戦を運べますから、多少制球に難があっても打ち取れる可能性は俄《が》然《ぜん》高まる。そうなってくると、三軍から二軍へ、二軍から一軍へと声がかかるようになってきます。これまで見てきた投手の成長の過程は、そのようなステップを踏んでいったことがほとんどでした。

近年は、二軍の試合の映像もインターネット中継で容易に観ることができるようになりました。ここに書いたようなことをじっくり観察すると、近い将来のレギュラーやエースを見つけ出すことができるかもしれません。

第3章　スコアラーはここを見ている―バッテリー編―

攻略に手を焼いた中日投手陣

　球界ではじめて一スコアラーとしてベンチのなかに入り、チーフスコアラーとして巨人軍を支えていた１９９０年代中盤から２０００年代にかけて、投手の攻略でもっとも頭を悩ませたチームが中日でした。巨人のライバルというポジションも、１９９０年代終盤になるとヤクルトから中日に移っていった印象があります。星野《ほしの》仙一《せんいち》さん（故人）、高木《たかぎ》守《もり》道《みち》さん（故人）、山田《やまだ》久志《ひさし》さん、そして落合博満さんと監督たちの個性も豊かで、巨人に対する対抗意識も非常に強いものがあった。

　投手でもっとも意識していたのは、１９９７年に入団し２００８年までエースとして君臨、その後はメジャーリーグでも活躍した川上憲伸でした。完成度の高い投手ゆえ、彼をいかに打つかは熟考が求められました。そのうえ、２００２年には横浜から実力者・谷繁元信が移籍してきたことで、川上を筆頭に中日投手陣の攻略はさらに困難になっていきます。

　当時の中日投手陣の特徴を挙げるなら、全体的にゴロを打たせることに長《た》けた投手が多かったように思います。仮に、鋭い強いゴロで内野手のあいだを抜いて安打にしたとしても長打は出にくい。中日バッテリーの術中にはまりゴロを打たされてしまうと、当時の巨人打線の持ち味であった長打力が封じられます。毎試合、厳しい戦いを強いられました。

スコアラーの立場から自チームの打者に強く求めるのは、他球団の投手の情報を頭のなかにインプットしてもらうことに尽きます。ただ、なにからなにまで覚えてもらうのは選手にかかる負担が大き過ぎるので、投手の得意とする球種をストレートとは別にふたつ頭に入れてもらっていました。その際、単に「スライダーとカットボール」と覚えてもらうのではなく、その球種がどのような軌道を描いてホームベース上に達してくるのかを把握してもらうことが重要です。

入団間もないころの川上憲伸であれば、ストレート以外で得意とする球種はカットボールとカーブということになりますが、「打者が予想もしていないタイミングで投げてくることが多いカーブは狙いにくい」という声もあった。そんな理由から、抜けて甘いコースにくることがあったフォークボールも頭に入れておくように指示を出していました。フォークボールまで入れると、「ストレートとは別に3つの球種」ということになるわけですが、カットボールとフォークボールは同じくらいの球速でくることが多く、「打者は近いして扱っていました。

感覚のなかで対応していけるだろう」と考え、攻略がむずかしい川上は〝例外の投手〟として扱っていました。

これは少し余談になりますが、2004年に落合さんが監督に就任してからは、徹底した秘密主義が敷かれ、先発投手が誰なのかを探るのにも手を焼きました。中日のスコアラーから、「うちの監督は、巨人のスコアラーの能力を認めているから余計に警戒している」と聞いたこともあり、誇りに思うと同時に、「絶対に負けられないな」と気を引き締めたものです。

落合監督はあの手この手で先発投手を隠してきます。相手の先発投手が絞り切れないときは、複数の先発候補を想定してミーティングを行うこともプロの世界ではよくあります。しかし巨人の首脳陣は、選手たちの頭のなかをできるだけクリアな状態にして試合に臨めるようにと、原則として予想される先発投手をひとりに絞ってミーティングするようにしていました。それは、わたしたちスコアラーへの暗黙のメッセージでもあります。つまり、「なんとしてでも先発を絞り込んでくれ」ということ。

そんなことも含め、中日との対戦はスコアラー泣かせなものでした。

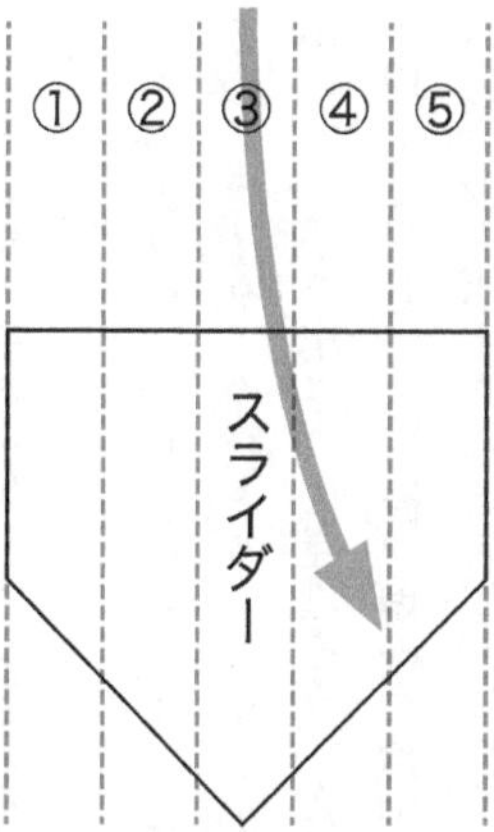

狙い球の指示に用いていた図

投手攻略における「狙い」の定め方

コースやボールの変化についての指示は、ホームベースを縦に5分割した図を用意し、「3から4へと曲がるスライダー」といったような表現を使って出していました。

変化球というのは、たとえそれが同じ球種であっても、どのコースにくるかで変化量にちがいが出ます。右投手が右打者のアウトコースを狙ったスライダーなどは鋭く変化し、大きく曲がりボールゾーンに逃げていきます。しかし不思議なことに、同じ右投手が打者のインコースや真ん中付近にスライダーを投げ込んだときは、同じ投手が投げた同じスライダーなのに、曲がり幅が半分くらいになることも珍しくありません。そういう傾向があきらかな場合は、選手にしっかりと情報を伝える必要があります。

ちなみに、こうしたちがいが生まれる理由として考えられるのは、投手は打者の身体から遠い外角を狙うときは躊躇《ちゅうちょ》なく腕を振り切れるのに対し、身体に近いところを狙うときは、どこかで死球を恐れ腕が振れなくなるというものです。

このように、投じられるコースごとの変化の傾向なども頭に入れながら、「今日は3・5のスライダーを打とう。変化が小さいから打ちやすいはずだ」「5にきた場合は、キレがいい。手を出さずに見逃そう」といった指示を出します。

川上に対しても、彼が現役の途中からシュートを投げるようになるまでは、「3・5」へのカットボールなどを狙っていくプランで挑むのが基本で、1から2、そして5へのボールについては捨てる指示を出していました。そうやって狙うべきボールを絞ることで、凡打を極力減らし攻略を目指すのです。

「ホームベース上で3・5あたりにくる球を狙おう」という指示を出すと、打者は投手方向に目線を向けたあとに、打席内で実際に目付けする位置、つまり投手が投げた直後にホ

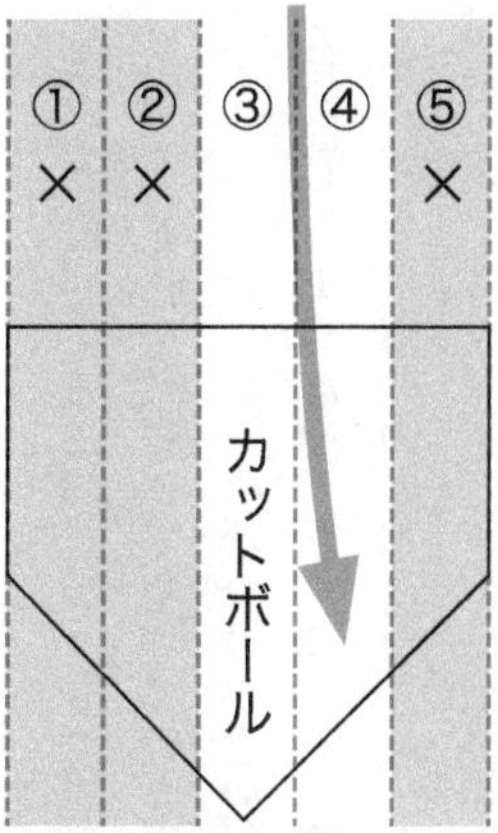

入団当初の川上憲伸への対応

ームベース上で「3・5」あたりにくるボールがどのあたりを通過するかをイメージします。そうすることで、しっかりとイメージを持って投球を待つことができる。ここまでがうまくいってはじめて、攻略プランが伝わったといえるでしょう。

「今日は2・5から3・5を狙おう。ただ、直近の数試合のデータを見ると少しコントロールが荒れているようだから、少しだけ狭めのイメージでもいいかもしれない」。試合前のミーティングではそんなことを的確に伝えます。

試合がはじまってからは、投手の立ち上がりなどを見て、「狙う」と決めたボールが想定したコースにきているかを細かくチェックします。もし思うようにきていないようであれば、新たな判断を下すなど柔軟に対応していきます。

エースクラスの投手を攻略するには

投手を攻略するには、ヒットにできる確率の高い球種とコースをスコアラーが分析から見《み》出《いだ》し、それを徹底して狙っていきます。優れた球種を複数、それも自由自在に操り、加えてコントロールも抜群な投手との対戦になると攻略は困難を極めます。いわゆるエースと呼ばれるような投手たちは、そう簡単に打つことはできないのです。

それこそ全盛期の山本昌などは、どの球種もよくコントロールも完璧《かんぺき》でした。直近の数試合をチェックしそれぞれの球種の調子を見て、あえてカーブやスクリューボール（シンカー）のようなむずかしい球種を狙っていくケースも出てきます。

そんなときは、ただやみくもにそういった球種を待ち受けるだけではなく、こちら側から仕掛けていくこともありました。少しベースから離れて立ち、右打者であれば外角の5や4をはなから捨て、3から1、さらにもっとインコースのボールまで狙うといった工夫

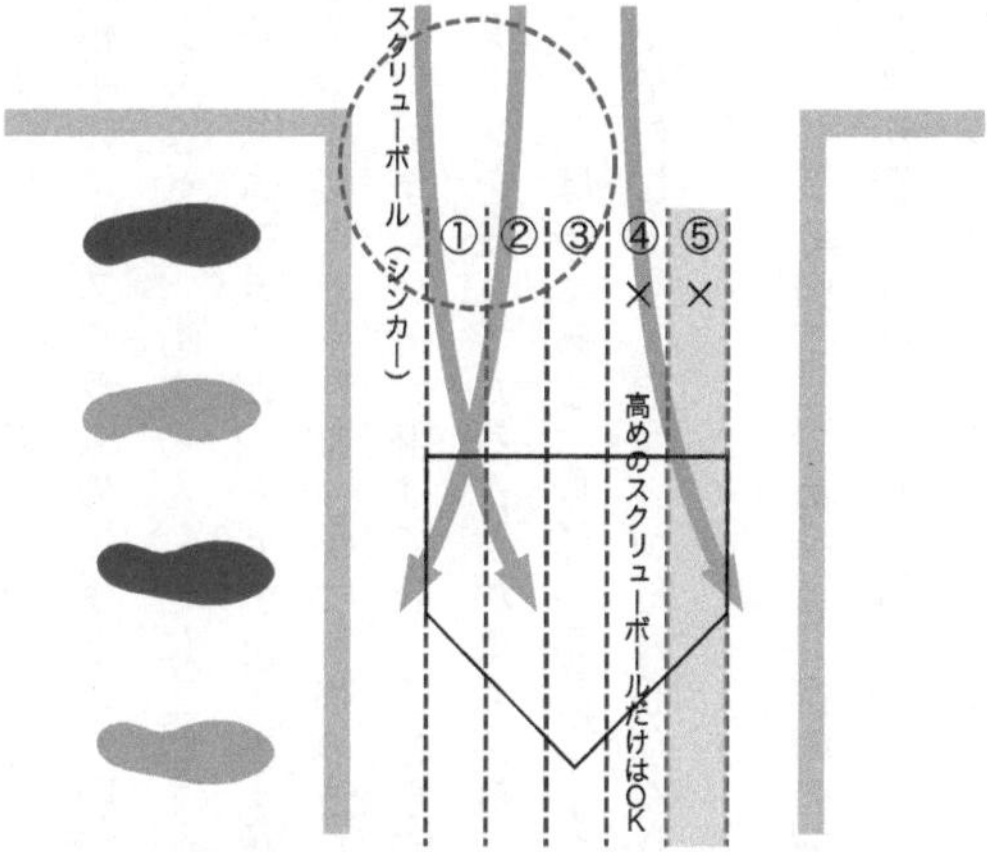

山本昌のスクリューボールへの対応

をするのです。そのうえで、「でも、4にくる高めに浮いたスクリューボールだけは狙ってもいいよ」というような補足もつけます。

山本昌の場合、スクリューボールが鋭く落ちている試合などは、バッターボックスに普通に立っていると、ヒッティングポイントに達したときにはすでにボールゾーンまで落ち切っていて、それを振らされ空振りしてしまうことが頻繁に起こりました。そんなときは、「バッターボックスのいちばん前に立って、曲がり切る前に打つイメージでいこう」というような指示も出しました。ヒットにできそうなボールを見逃さないだけではなく、自分たちで攻略する術《すべ》をつくり出していくアプローチです。

実際に相手と対峙《たいじ》する選手たちにはかなりむずかしいリクエストだったと思いますが、相手のエースクラスの投手との対戦では、それくらいのことを実行しなければ白星は手に入りません。もちろん、特に主軸を張るような選手には個々の強いスタイルがありますから、スコアラーが出した方針に渋る場合もあります。それでも、「1打席だけでもいいからやってみてくれないか」と頼み込んで実行に移してもらったものです。なぜなら、こちら側がなにかを仕掛けていることを印象づければ、相手バッテリーがその考えに気づきパターンを変えてくることがよくあるからです。そんなことを繰り返すうちに、戦況が変わることは多々ある。野球の勝負――なかでも打者対バッテリーというのは人間心理が大きく左右します。そういった〝揺さぶり〟をチームとして行っていくことはやはり大切なものです。

それこそ山本昌であれば、打席の前の方に立ってスクリューボールを狙おうとしている意図が伝われば、それを嫌がってスライダーやカーブが増えてきます。そうしたボールは、鋭く落ちていくスクリューボールよりはまだ打ちやすいので、多投する球種を変えてくれれば儲《もう》けものです。

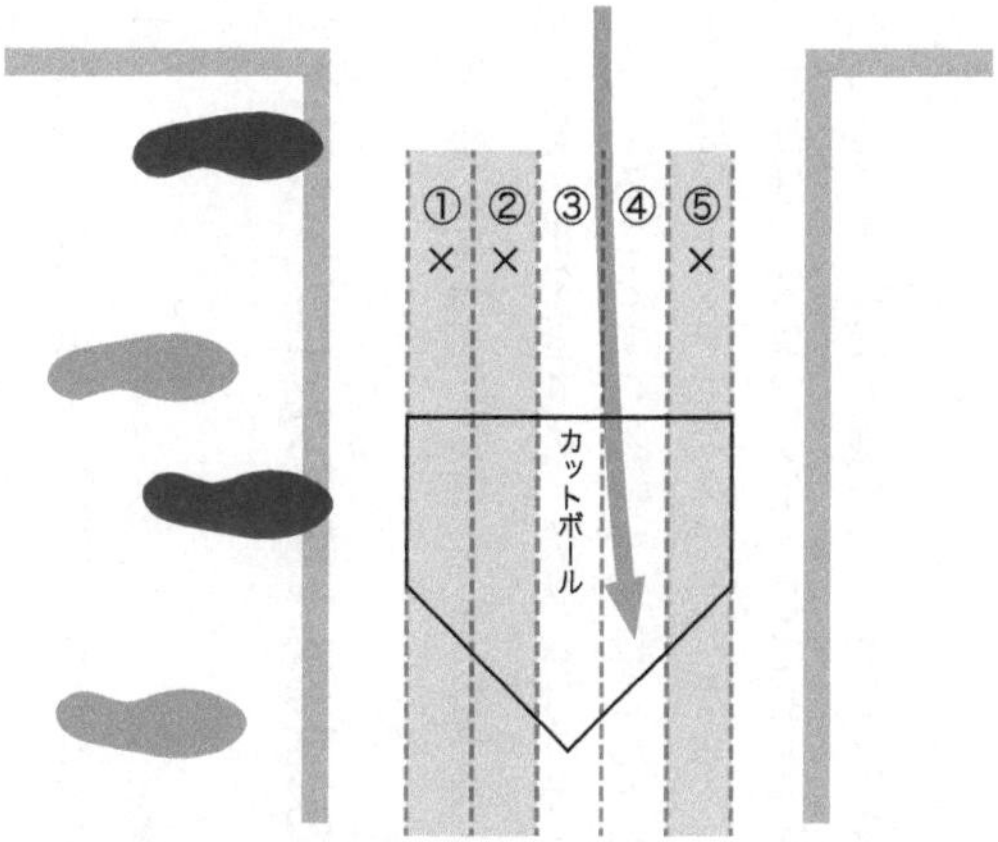

川上憲伸の力強いカットボールへの対応

川上憲伸の真ん中から外、「3・5」付近のカットボールを狙うと決めたときには、右打者はベースに近づかせ、かつ、バッターボックスのいちばん前に立たせることもありました。

この場合は、「どこの方向をめがけて打とう」という指示を出すことがポイントでした。川上のカットボールは実に力のあるボールだったので、普通の右打者が「センターから右」に打とうとすると力負けしてファウルになってしまうのです。バッターボックスの前寄りに立ち「踏み込んで引っ張り、左中間方向を狙おう」と伝えることで、フェアゾーンに飛ぶことが増えていきました。

ただし、川上のカットボールに力負けしないようなパワーヒッターたちは黙っていても踏み込んでくれるので、「好きに打っていいよ」と伝えていました。同じボールを狙わせる場合でも、選手の特徴に合わせて伝え方を微妙に変えることもまたスコアラーの技術です。

とにかく打てない佐々木主浩のフォークボール

先述した山本昌のように、狙うべき球種がなかなか見当たらなかった投手といえば、横浜の絶対的守護神だった佐々木《ささき》主浩《かづひろ》も忘れられません。佐々木のフォークボールはファウルにすることすら困難で、ほとんどの打者はわかっていても打てません。ストレートの威力も球界トップクラスでしたから、バットに当てても打ち損じることが多かった。

これは、スコアラーとしてある意味、〝負け〟を意味するのかもしれませんが、佐々木がいる時代の横浜戦は、「こちらの攻撃は8イニングしかない」とイニングを逆算しながら戦っていたほどです。もうこれは巨人に限らず、どこのチームも同じ考えだったと思います。

基本的に、投手というのは球種が多いほうが嫌なものですが、ピッチングの組み立てが甘く、それぞれの球種をなんとなく投げているような投手であれば、球種が多くても攻略することは容易です。プロの打者であれば、カットボールとスライダーのような近い軌道を描く変化球に対しては、読みを完全に外されたりしない限り、両天秤《りょうてんびん》にかけて打つことができるからです。

逆に、メインの球種がふたつだったとしても、「どちらかに合わせればどちらかは打てない」という、最初に〝五分五分の決断〟が求められる投手のほうがやりにくいものなのです。

佐々木は、まさにそういう投手の代表格でした。実際にはさらにうえをいっており、大半を占めていたストレートとフォークボールのどちらかに絞ったとしても、それを打つことができない。よほど調子が悪いとき以外は、攻略不可能なもの凄《すご》い投手でした。

しかし、自チームの選手たちにネガティブな言葉は絶対に伝えたくありません。そこでわたしは、「フォークボールはまず打てないからもう捨てよう」とはいわず、「ストレートは案外打てるぞ」というような言葉を伝えて、打席に送り出していました。

ただ、それでもあまりに打てなかったので、いちど「フォークボールを狙おう」という指示を出したことがあります。自分でも「なにをいっているのだろう……」と思いつつも、「佐々木を打つには、なにかを仕掛けてないとダメだ」と腹をくくったのです。でも、やっぱり打てなかった。

そんななか、ひとりだけフォークボールを狙って打ちにいっていたのが１９９４年に中日から巨人に移籍してきた落合（博満）さん。「あのボールはな、カーブだと思って打てばいいんだよ」。さらりとそういっていました。ボールの落差がカーブに近かったことから、発想を転換し対応していたようです。

ただ、その感覚は天才打者・落合さん固有のものであって、ほかの選手が真似することはできませんでした。

川上憲伸に球種を増やされパニックに

巨人打線と中日の右のエース・川上憲伸との戦いは何シーズンにもわたって続きました

が、状況は毎年のように変化していきました。もっとも大きかったのは、彼がプロ入り直後はあまり投げていなかったシュートを投げ出したときのことです。それまでの対策だけではどうにもならなくなり、「これはもう手に負えないな……」とさじを投げたくなったこともあります。

川上に限らず、スコアラーたちが長い時間をかけてようやく見出した攻略法も、投手側が完成度の高い新しい球種をひとつ習得するだけで、まるで通用しなくなるというのはよくあることなのです。

ある試合で、カットボールとスライダーで完璧に抑えられ、その流れで「次の対戦も同じ攻め方でくるだろう」と考え準備をすると、今度はシュートばかりで攻められ、再び抑え込まれてしまった。これはもう、一種のパニック状態です。わたしもベンチでどうにか打開策を見つけようとしましたが、打つべきボールについて正しいデータを持たずに、迷いを残したままバッターボックスに入る選手たちにいい結果は出ません。監督はじめ首脳陣の表情にも焦りの色が濃くなっていきます。しかし、無情にもマウンド上の川上はどんどん自信を持って投げ込んできて、再び川上と谷繁のバッテリーにやられてしまいました。

でも、シーズンは長く、繰り返し対戦が続くのがプロ野球の世界。なんとか打開策を探るしかありません。

そこでわたしはこう考えました。抑え込まれたシュートへの意識からか、インコースのボールを振っている右打者たちに、「打ちにいくのはいいけれど、芯《しん》に当ててクリーンヒットにしなくていいよ」と伝えたのです。この意図がどこにあるのかといえば、インコースを打つ場合は、詰まり気味に内野の頭を越す当たりを狙えばいいということです。

インコースへのストレートや食い込んでくるシュートをバットの芯でとらえようとすると、タイミングを少し早める必要があります。そのタイミングで待っていると、真ん中から外に投じられる、ストレートやシュートよりも遅い球速帯のスライダーなどに対応するのはむずかしくなります。

その場合、インコースのストレートやシュートと真ん中から外に投じられるスライダー、またはカットボールに対応する方法として考えられたのは、ストレートやシュートなどインコースのボールは「少し詰まってもいい」くらいのタイミングでケアし、真ん中から外、3や4付近のスライダーやカットボールは芯でとらえることができるタイミングで振って

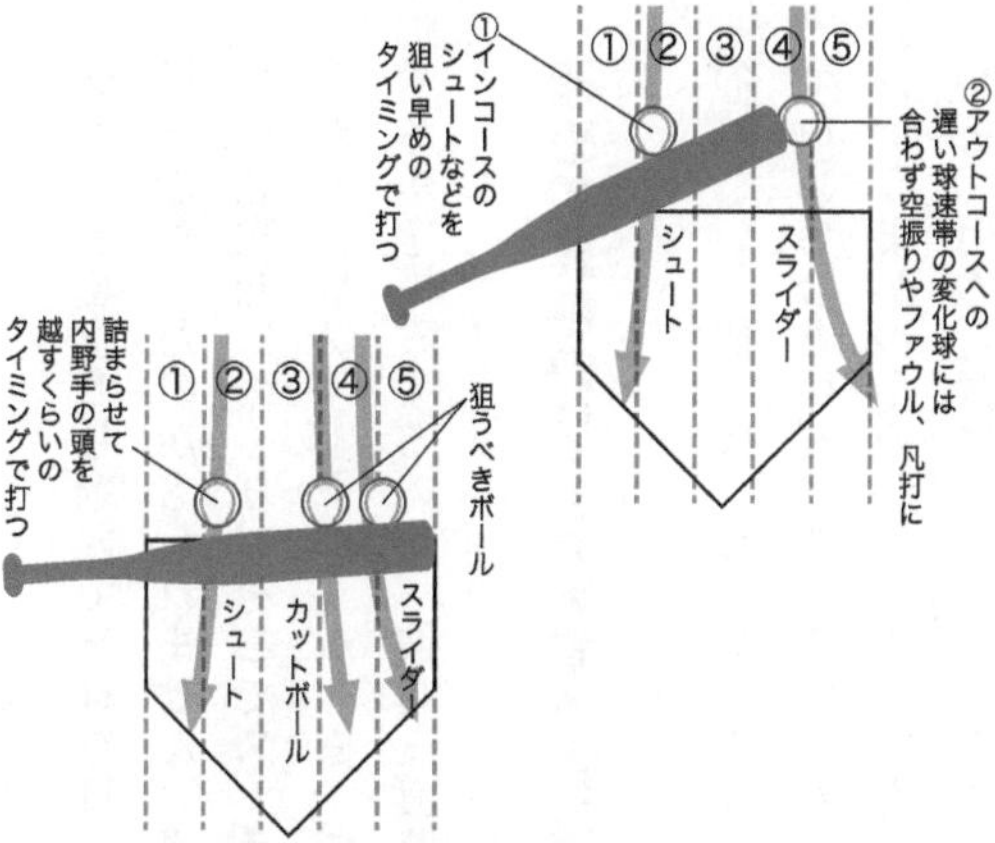

シュートを投げはじめた川上憲伸への対応

いくことでした。

　シュート主体でくるのかスライダーやカットボール主体でくるのかは、試合がはじまってみなければわかりません。とはいえ、どちらの攻め方であっても、3つのストライクのうち最低ひとつは、3や4付近へのスライダーかカットボールがくるということは、対戦データから確認が取れていましたから、それを仕留めることに集中しようというアイデアでした。

　こうした努力の甲斐《かい》もあり、新球・シュート導入による川上との対戦における混乱は少し解消されました。それでも、川上という投手はコントロールが抜群によかったですから、わたしたちの策に動じず、かまわず投げてきたインコースのシュートにやられることもあった。それだけ完成度の高い投手でした。

シュートを意識し過ぎてそれを打とうとしてしまったことは、もしかしたら川上や谷繁の思う壺《つぼ》だったのかもしれません。真ん中からアウトコースに打者の意識の向きにくいゾーンを意図的につくり、そこでストライクやファウルを奪い有利なカウントにする。そして、カーブやフォークボールも操って打者を打ち取る——。そんなパターンからいかに脱却するかを模索するのが、彼らと渡り合ううえでのカギとなっていました。

極めて異色のリードをする古田敦也

谷繁という捕手は、カットボール、スライダー、シュートといった横の変化を上手に使って攻めることに長けた選手でした。一方、フォークボールなど縦に変化するボールの使い方がうまかったのがヤクルトの古田敦也です。

時折、巨人打線に対し講じてきたのは、初球にフォークボールを使う奇襲的な配球です。まず、投手にフォークボールをボールになってもいいくらいの際どいコースに要求するのです。打者は少し意外に思いながらも、「次は確実にストライクを取りにくるだろう」と考えます。ただ、古田はもう1球フォークボールを際どいコースに要求します。これに対しては、「ストライクがくるだろう」と考えているため多くの打者はスイングします。これで1ボール1ストライクをつくられてしまう。

古田が徹底しているのは、この「もうないだろう」という状況で、もういちどフォークボールを投げてくることでした。つまり、3球続けてフォークボールがくるのです。この配球には多くの打者が手を出してしまい、清原《きよはら》和博《かずひろ》や高橋由伸、仁志《にし》敏久《としひさ》などもよくやられていました。

これで1ボール2ストライクですから、主導権は完全に投手が握り、打者は厳しい状況に追い込まれます。

あとで振り返ると、ストライクが1球もないままに抑えられていた打席がかなりありました。相手にしてみれば、ストレートなどリスクのあるボールをあまり投げずに相手打線を抑え込めるわけで、〝極上のリード〟といっていいでしょう。もちろんこれは、古田のリードに応《こた》えることができた、当時のヤクルト投手陣の実力の高さがあったことを忘れてはなりません。

　このような、同じ球種を続けるリードに関しては、フォークボールではなくストレートを使って仕掛けてくることもありました。これに苦しめられたのが松井秀喜です。松井は当時の日本人選手では誰もが認める最高の打者ですから、追い込まれた際は、コースが甘くなったらスタンドへ持っていかれるストレートではなく、ほとんどが変化球で勝負されます。だからこそ、「追い込まれてから、インコースへのストレートはない」と考えるタイプで、変化球を待つことが多い選手でした。フォークボールや外に沈んでいくような典型的な〝決め球〟を松井はあえて狙い、事実、よく打っていたのです。

　古田という洞察力の鋭い捕手は、それをよく見ていたのだと思います。2球続けてインコースのストレートでストライクを取り、松井にしてみれば「1球外してくるかな。3球勝負だとしても、もうアウトコースしかないだろう」と考える状況をあえてつくり、そこでもうひとつインコースにズバッとくる。フォークボールの連投に比べるとリスクがともなう配球ですが、古田は強打者・松井を抑えるためにその配球を編み出したのでしょう。それを同じ試合で続けてくることもあり、〝極めて異色のリード〟をする捕手としてわたしの記憶に刻まれています。

高橋由伸が好きな「高め」をあえて攻めたヤクルト

古田という捕手には、高橋由伸に対しても独特な攻め方をされました。高橋という選手は、いわゆる高めの球を好むハイボールヒッターだと他球団から見られていました。実際、高橋は高めをよく打っていて、多少ボールゾーンにはずれているような球でもスタンドに運んでいましたし、それを見て多くのバッテリーは高橋への高めを避けていた。しかし古田という捕手は高めに構え、投手に力一杯投げさせるのです。高橋は高めが好きですし、「打てる」と思った球はどんどん振っていく打者ですから、当然のように打ちにいくのですが、ヤクルトとの対戦ではミスショットが続きました。

なぜか直感が働き、「このままにしておいてはヤクルト戦で高橋は打てなくなる」と思ったわたしは、高橋のこれまでの試合中のバッティング動画を何度も見直しました。すると、高橋が打ってきた高めの多くは、失投に近い球威に欠けるボールや逆球だということがわかった。要するに、相手投手が１００％の力で高めを狙って投げてきた力のあるボールに関しては、そこまでとらえることはできていなかったのです。

ヤクルトバッテリーは、わたしたちよりも早くその傾向を見抜き、その弱点を使い抑えていたということです。これはおそらく古田だけの考えではなく、野村克也監督やヤクルトのスコアラーらの指示に基づいた配球だったはずですが、この攻め方の根拠を発見したときは、ヤクルトというチームに対し、心から「凄いチームだな。本当に細かくデータ分析をしているな」という畏敬《いけい》の念が湧きました。

ただ、わたしも黙ってはいません。練習中の高橋のところにいって、「ヤクルト戦での高めを捨てるために目線を下げてはどうか」と提案してみました。「子ども染みていると思うかもしれないけれど、少しヘルメットを深く被《かぶ》ってつばを下げ、視界を狭くしてみてはどうだろう。そうすれば、打っても前に飛びにくい力のある高めのボールは視界に入りにくくなる。視界に入ってきた球だけを選んで打てば真ん中から低めを狙えるし、ファウルや凡打は減るはずだ」。そう告げると、高橋はそのアイデアを採用して打席に入ってくれました。すると、高めのボールをうまく見極めるようになり、力のある高めのボールに手を出してファウルでカウントを悪くすることが減っていきました。

これはあくまでも一例に過ぎないのですが、いろいろな駆け引きをしてきた野村監督や古田がいた１９９０年代のヤクルトは、絶対的な根拠を持って戦いに挑んでくる強いチームでした。もちろん、我々巨人も様々な対応策を駆使してヤクルトと戦い、１９９０年代は毎年のように優勝を分け合いました。

コントロールがいい投手は「乱れる条件」を探す

わたしがスコアラーを務めていたころの横浜のエースは、三《み》浦《うら》大輔《だいすけ》でした。打線の援護があまり望めない低迷期のチームに所属しながら、7度の2桁《けた》勝利を挙げる活躍を支えていたひとつの理由が制球力で、先発ローテーション定着から5年ほどたった２０００年ごろから四球はみるみる減少します。年間を通じてマウンドに立つシーズンがほとんどだったにもかかわらず、９イニングあたりの四球を3個以内にとどめるペースを守り続けました。

好調だったシーズンは、9イニングあたりの四球が2個を切ることも。先発投手が担うイニングを仮に7イニングと仮定すると、四球は1個、2個程度で投げ終えるピッチングを1年間続けていたということです。とにかく四球を出さないので、「四球をきっかけに崩れる」といったこととはまったく無縁の投手でした。

長嶋監督はじめ巨人首脳陣もその能力を高く評価していましたが、わたしも同様に「12球団でもっともコントロールがいい投手」であると考え、攻略法を練っていました。

三浦のようなコントロールがいい投手が登板する試合は、まず「甘いボールはこないものだと思って、打席に立とう」という声がけをします。もちろん、三浦のようにストライクゾーンの四隅を突いてくる投球はそう簡単には打てないのですが、打者の工夫次第では対応できるという側面もあります。

その対応はとてもシンプルなものですが、ホームベースをかすめるように「5」や「1」に投げ込んでくるのであれば、バッターボックスでの立ち位置を変えることで、「5」を「4」に、「1」を「2」のボールにしてしまえばいいという理論です。

もちろん、そういう対応に気づいて即座に攻め方を変えてくる投手であれば、また別の

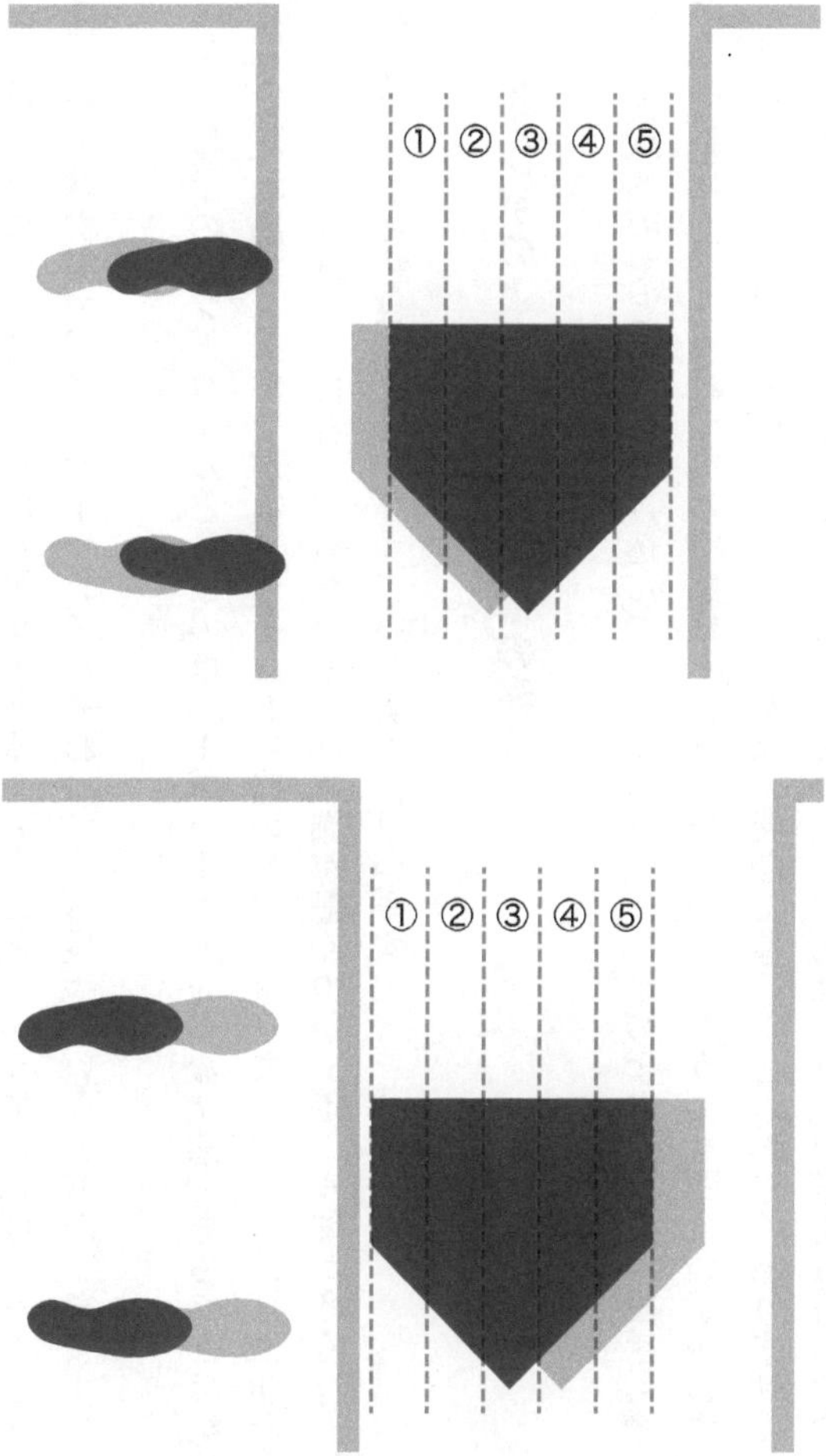

コントロールのよい投手への対応

対策が必要になりますが、スピードがそれほどでもなくコントロールのよさだけが際立っている投手ならば、このような対処ができるということ。いってみれば、バッテリーを組む捕手の配球次第で、パフォーマンスが変わってくる投手という見方ができます。

また、投手のコントロールというのは、1試合ずっと完璧な状態であることは稀《まれ》で、なにかしら乱れ出す〝条件〟があり、それも攻略の糸口になります。たとえば三浦なら、走者が出るとより厳しく打者を攻めたいという意識が働くのか、ボール球が多くなり自分有利のカウントで勝負できなくなっていたように思います。

投球テンポのよさは投手の自信の表れ

短い投球間隔でどんどん投げ込んでくるような、テンポのよさが際立つ投手も嫌なものです。完全に抑え込まれている実感はそれほどないのに、どうにも間合いが合わず、気づけば試合は後半を迎えている——。そんな試合展開になることも珍しくありません。

短い投球間隔で投げることで得られる最大のメリットは、打者が考える時間を奪うことにあります。ですから、勝負の主導権を握っている投手が有利になるのはあきらかです。ただ、バッテリー側も短い時間のなかでどのように攻めるかを決める必要が出てきます。それができないと、速いテンポのピッチングはできません。もちろんこれは、なにも深く考えずテンポだけを速くするピッチングではなく、考えがしっかりした配球であることも前提です。

そして同時に、次に投げるボールの決定までの時間を縮めることは、自分のボールや自分のピッチングに対する自信がないとできないことでもある。巨人でいえば、かつては江川卓さんが、近年では上原浩治が極めて速いテンポで投げる投手でした。江川さんには打者を圧倒するストレートがあり、上原にはボールのキレと絶対的なコントロールがあった。その強みこそが、彼らが長考せずに投げ込むことができていた理由だと思います。

間の短さが自信を表すというのは打者も同様です。迷いのある打者はなにかとバッターボックスをはずすものです。一方で、常にバッターボックス内にいて投球を待ちわびているような打者は、おそらくなにを狙うか、どうすれば打てるかということについて、考えがまとまっているのでしょう。

打者目線で見た場合、相手投手がテンポよく投げているのであれば、それはいまこの瞬間の状態に自信を持っている可能性が高く、いわば「いい感触で投げている」ということですからそのまま投げさせるわけにはいきません。打者は意図的に打席をはずして間をとるなど、同じテンポで投げさせない工夫をするべきです。球審からは「早く打席に戻りなさい」と催促されるかもしれませんが、できる範囲で間をとり、投手のリズムを狂わせることは基本中の基本です。

また、四球でもなんでもいいので、とにかく塁上に走者を出すことは違和感をつくりだすうえで効果があります。その場面で重要なのは、ベースコーチャーと出塁した走者、または打撃コーチと打者がなんらかの確認作業をしているようなふりをすることなどです。テンポよく投げ込んで好投してきた相手投手が、必要以上に警戒してなにかを変えてくれれば、それまですれちがっていた打者の読みとバッテリーの思惑が、うまくクロスするかもしれないからです。「なにかおかしいぞ？　なにか仕掛けてくるぞ」と感じた投手がそれまでのテンポを変えてくれれば、打開策は見出せます。

パワーヒッターに対する「攻めの基本」

パワーがある外国人選手に対する攻め方は、日本人選手への攻め方とは異なります。たとえば初球に様子見で投げるカーブなどに対して日本人選手は見逃すことが多いですが、外国人選手は少しタイミングがずれたとしても強振してきます。そのため、外国人選手に対してはボールから入る配球がセオリーとなる。その初球への反応を見て、次の配球を考えるというのがプロ野球の世界では一般的でしょう。

外国人選手に限らず、ボールを遠くに飛ばす能力を持っている打者との対戦においては、「振らせてしまう」こと自体が怖く、あきらかなリスクとなります。仮に、ミート力が乏しくファウルをよく打つような荒い打者であっても、たまたまミートした1球をスタンドに運ばれ決定的な得点になることもある。ですから、パワーヒッターに対しては、苦手にしているあまり振ってこない球種やコースがどこなのかを徹底的に調べ上げ、少しでもカウントを稼ぎたいところです。

また、インコースのボールの使い方にも細心の注意を払う必要があり、通常の打者と同じ感覚でそうしたボールを使うのは危険な行為です。パワーヒッターが打ち気を見せているのに、わざわざインコースで強気の勝負にいく捕手のリードも見かけますが、なぜそういう配球をするのか理解に苦しみます。インコース寄りでも特にストレート系は、多くの打者がまず狙うボールですから、打ち気を見せているときにそこに投げれば、打たれる可能性は高まります。パワーヒッターに対するインコースのボールは、アウトコースの決め球への布石だったり、相手の意表をついたりするときに投げるというのが鉄則でしょう。

打ち気を見せているパワーヒッターに対しては、徹底してアウトローを攻めるべきだとわたしは考えます。「空振りしてくれたらラッキーだ」といった希望的観測のもとでアウトコースに投げるのはよくありませんが、攻めていく姿勢で腕を振り、「絶対に打ち取るんだ」という狙いで投げたアウトローへの強いボールは、決して「逃げ」ではありません。

キレがいい投手は投球練習からも判断する

スピードガン上では決して速くはないボールなのに、頻繁に空振りを奪ったり、差し込んで詰まらせたりするピッチングをする投手がいます。

何度も名前を出してきた全盛期の山本昌もそうですし、ソフトバンクから巨人に移籍して活躍した杉内《すぎうち》俊哉《としや》、ロッテなどでプレーした成瀬《なるせ》善久《よしひさ》、いまだ現役で頑張るソフトバンクの和田《わだ》毅《つよし》のような投手たちがそうでした。彼らのストレートは１４０キロに届くか届かないかくらいのスピードであるにもかかわらず、打者たちにはしっかり「速い」と感じさせます。いわゆるキレで勝負しているタイプで、ボールがキャッチャーミットにたどり着くまで、威力の衰えないボールを投げているのだと思います。

スピードガンの数字がどうであれ、打者に「速い」「キレがいい」と感じさせれば、投手は主導権を握ることができます。「振り遅れてはいけない」と思った打者は、打席での対応を早めていく必要に迫られますが、そうなると、チェンジアップのような抜き球の効力が一気に増すのです。

このタイプの投手には左投げが多い傾向がありますが、これはおそらく、左投げの方がそもそもの数が少なく、打者に向かってくる角度がちがうということが要因だと思います。

わたしも、打者たちから感想を集めたことがありますが、同じ球速でも左投手のほうが速く感じるという感想が圧倒的に多かった。スピードガンでは１４０キロのボールが、バッターボックスに立つと１４０キロ台後半に感じるといった声すら聞いたことがあります。

ただし、本来的にはスピードがないわけですから、キレを失えば攻略の可能性は高まります。キレで勝負するタイプの投手がコンディションを落としている場合は、緩急を生かすことによるアドバンテージが生まれません。すると、打者は体感的に「速い」と感じないので、自分のタイミングでボールを待つことができる。そうなれば、チェンジアップのような緩い抜き球にも対応できます。

ですので、こういったタイプの投手との対戦ではスコアラーはその日の調子を的確に見抜くことに集中します。最初のイニングの前に行う投球練習などに注目し、キレのあるボールがきているのかどうかを判断することは、いつも以上に大切なポイントとなります。

1番打者に何球かボールを見てもらい、相手投手の調子を確認してもらうことは常日頃から行っていますが、キレで勝負する投手との対戦時には、そのようなことの徹底がより求められます。事前に整理した直近の試合で投げたデータや情報はもちろんのこと、投球練習で確認できたこと、または1番打者からの報告を加え、その日の攻略が本当の意味でスタートするのです。

これは補足になりますが、相手の先発投手を攻略するうえでスコアラーの力の差がもっとも大きく出るのは、試合がはじまってから互いのチームの打順がひとまわりするくらいまでの攻防です。つまり、1～3回くらいまでの序盤に勝負がかかっているということ。

試合がはじまって間もなくは、投手と打者が互いにどのような状態にあるのか、どんな狙いを持って試合に臨んでいるのかが見えにくい状況が続きます。そういう状況において、選手たちは事前に準備した情報に重きを置いてプレーせざるを得なくなります。そのため、投手攻略にとっての有効なデータや攻略法を提示されているチームは、序盤で相手の一歩先をいくことができます。

試合が進んで打者が2巡目などに入ってくると、選手たちがその試合で直接得た情報がダイレクトに使えるようになりますから、打者それぞれも打開策を見つけてくれるようになっていきます。すると、スコアラーが準備した事前の情報がつくりだす差は徐々に小さくなっていく。

中継ぎの投手への対応や代打で出る自チームの打者への指示は、試合の後半であってもスコアラーの分析力が問われますが、原則として「試合の序盤にチームをどう導けるか」が、スコアラーの腕の見せどころ。試合開始から早い段階で得点を奪い優勢に試合を進めているチームは、打者の力量はもちろんのことですが、裏でスコアラーが出したデータが役に立っていることはよくあることです。試合の序盤というのは、〝無形の力〟がより活《い》かされる場面なのです。

増え続ける球種が変えるピッチングのトレンド

わたしが現役生活を送った１９７０年代末から１９８０年代の配球というのは、かなりシンプルなものでした。メインの球種は、ストレート、カーブ、スライダーくらい。時折、フォークボールを投げる投手もいましたが、それほど多くはなかった。スライダーも限られた投手が使う球種で、早い段階からマスターしていたヤクルトの尾花高夫《おばなたかお》さんなどは、それで巨人打線を苦しめていたものです。

いまとなっては、飛び抜けてキレがよかったりしない限り対応できるスライダーですが、投げる投手が少なかった時代は、打者も慣れるまでに時間がかかり効果的な球種でした。
また、シュートピッチャーも個性的な存在でした。巨人では、江川（卓）さんと並びエース格として君臨した西本聖《にしもとたかし》さんが投げていて、当時のプロ野球を見ていた人なら「シュートといえば西本」と思い出すでしょう。しかし、ときを経るうちに、スライダーもシュートも、それこそフォークボールも多くの投手によって習得されるようになり、そこまで珍しい球種ではなくなりました。

１９９０年ごろになると、フォークボールをはじめとする落ちる系のボールが広まっていきます。チェンジアップやシンカーも以前からありましたが、日本のプロ野球選手が〝完成形〟に近い感じで投げるようになったのはこの時代でしょう。その背景には、大柄な投手が増え、手のひらが大きな選手が現れたことも影響していると推測できます。

２０００年代半ばごろからは、カットボールやツーシームのような小さく動く変化球も登場します。これらは「ムービングファストボール」などと呼ばれたりしますが、打者の手もとでほんの少しだけ動きながら（ムービング）、ストレートに近い球速で投げ込まれるボール（ファストボール）です。スライダーのような変化をするものがカットボールで、シュートのような変化をするものがツーシームと呼ばれます。打者はストレートのタイミングでスイングしますが、わずかにボールが動くため芯を外され凡退する。小さく動く変化球が流行《はや》り出した直後は、そんな場面を頻繁に見かけました。

カットボールやツーシームといった小さく動く変化球は、これまでになかった新しい配球も生み出しつつあります。代表的なのが、インコース、アウトコースのボールゾーンからストライクゾーンに入れていく「フロントドア」「バックドア」と呼ばれるものでしょう。先発投手として広島を長く支え、その後はロサンゼルス・ドジャースやニューヨーク・ヤンキースで活躍、２０１５年に広島に復帰した右腕・黒田《くろだ》博樹《ひろき》は、よく沈むツーシームを武器とした選手です。左打者の内角に投じては、空振りを奪うことはもちろん、詰まらせて内野ゴロを打たせていました。右投手に変化球でインコースをえぐられることが少なかった左打者は、一瞬、身体に向かってくるように見えるボールに苦戦していました。

かつての広島の佐々《ささ》岡《おか》真司《しんじ》のように、旧来ある球種・カーブを磨きに磨き、打者を見事に抑えている投手もいました。時代は繰り返すのか、小さく動く変化球への対応が進んでいくのを逆手にとって、打者の意表をつくカーブで抑える投手も再び現れています。カー

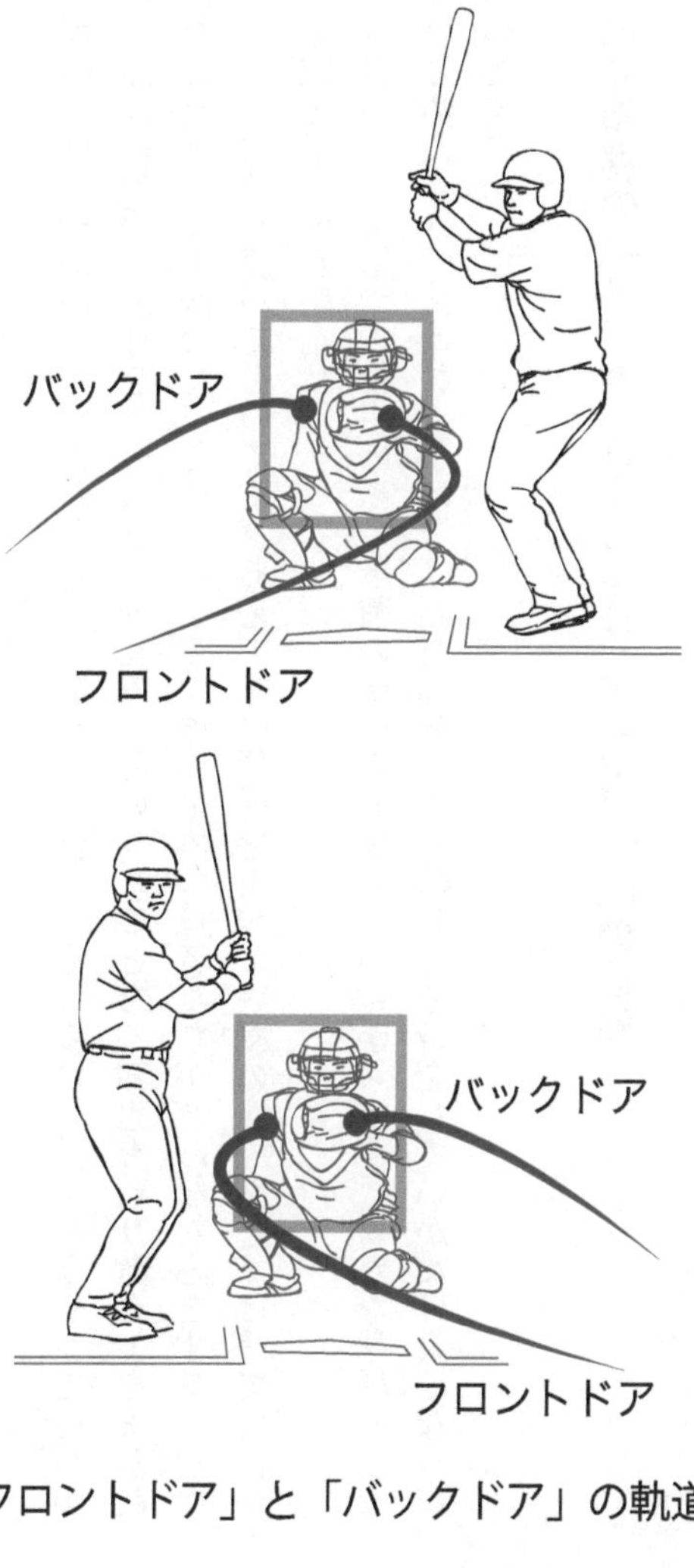

「フロントドア」と「バックドア」の軌道

ブもスピードを殺した抜き球のようなものだけではなく、ナックルカーブやパワーカーブと呼ばれる、かつてよりスピードがあるものが登場し復権の兆しがうかがえます。

球種には流行があり、わたしたちスコアラーは日々、それらの球種をどうやって打つか、その球種が投手の配球をどのように変えるかといったことを、知恵を絞り考えてきました。ただそれは、投手側の意志だけではなく、球界全体の打者たちがどんな対応をするのかによっても大きく変わるものです。あえてその球種を狙っていくのか、もしくは捨ててほかの球種を狙うのか——。

打者の対応次第で、投手はその球種の使い方を変えていくからです。新たな球種が広まりはじめたとき、スコアラーはそうした部分まで見越して分析をしていかなければならないのです。

松井秀喜の「メジャーリーグ式ピッチング」への適応

ところで、球種がこれだけ急速に増えていったにもかかわらず、投手が圧倒的に有利な状況が生まれていないのは不思議です。理由を考えていったときの答えはシンプルで、打者側が球種に対する対策をよく考え、どうにかして適応してきたということに尽きます。

スコアラーは、新しい球種を取り入れた投手のピッチングがどう変わるかにはいつも警戒しチェックをおこたりませんが、投手誰しもの成績を劇的に上げることができる〝魔球〟は存在しないのです。どんな球種であっても、それを自分のピッチングスタイルのなかにうまく組み込めた一部の投手だけが、大きな成果を得られるのではないでしょうか。

実際のところ、新しい球種が流行し新たな配球パターンが生まれたとしても、実際の対戦を迎えるといとも簡単に打つ選手はたくさんいました。一流の打者たちの適応力というのは、もの凄いものがあるのです。

「打者の適応」ということで思い出すのは松井秀喜です。彼がニューヨーク・ヤンキースに移籍した２００３年ごろは、日米のピッチングスタイルにはいま以上に明確な差があったようで、それに適応するために松井もいろいろな工夫をしていました。

ヤンキースにいって４年目くらいに、「三井さん、あのステップやめてもいいかな。どうだろう?」という内容のメールが届いたことがありました。

松井は巨人在籍時、スイングする際に前に踏み出す右足を投手側に真っ直ぐ出すのではなく、わずかに内側(ホームベース側)にステップする打ち方を取り入れていました。これは松井がスランプを経験したときに、松井本人から相談を受けてちょっとしたアドバイスを送ったことで編み出した打ち方で、ボールに力を伝えるうえで大事な「壁」をしっかりつくって打つことを意図したものでした。

この打法の習得により、左打ちの松井にとっては反対方向にあたるレフト方向への打球の飛距離が劇的に伸びるようになり、本塁打王のタイトル獲得にもつながっていきます。

そうした経緯もあって、松井はその打ち方を大事にしていたようです。ただ、メジャーリーグにいってからもあのステップを意識してスイングしていたとはまったく思っていなかったので、松井からのメールには驚きました。

そのメールには、「ストレート系の軌道で最後に小さく動くボールが多くなっているので、あのステップだと少し間に合わない」と書いてありました。内側にクロス気味に踏み込むと、真っ直ぐ踏み込む場合と比べ速い球に少し遅れるというのはあるはずですし、小さく動いて身体側に食い込んでくるボールに差し込まれることもあったことでしょう。そこで松井は、「なにかを変えていくべきだ」と考えていたようです。

松井がメジャーリーグで過ごした年月は、きっとこのような試行錯誤の繰り返しだったはずです。次々と現れる個性豊かな投手たちを相手に、10年にわたり彼が世界最高峰の舞台で戦い続けられたのは、アジャストしようとする意志と実際にアジャストする力、その両方があったからだとわたしは思います。

投手たちが操る様々な変化球をどう打つか――。プロの打者たちは日々工夫を重ねています。もちろんそこには、わたしたちスコアラーの分析も大きく影響します。そうした絶え間ない努力が、投打のどちらか一方を有利にしてしまうことなく均衡を保ち、野球の面白さをつくり出しているのです。

「荒れ球投手」でも狙いは定められる

細かい制球力がない、いわゆる「荒れ球」が特徴の投手との対戦ではどんな対策があるでしょうか。「このゾーンにこういう配球をしてくるだろう」といった指示を事前に出しても、その通りにくることは望めません。ですから、指示を出してもあまり効果がないのではないかという気もしてきます。

しかし、どんなに荒れ球の投手であっても完全に読めないというケースは少なく、ストライクゾーンのどのあたりにボールが集まってくるかの傾向は出ます。そのおおまかな傾向を自チームの打者に伝え、そのうえで実際の試合に入ってからの観察で得た情報を追加し、「今日はこのあたりのコースに集まりがちだ」と臨機応変に調整していくというやり方をとります。事前のプランにとらわれず、現実に即して対応していくことがポイントです。

また、「荒れ球」という表現では片づけられないほど、コントロールが定まらない投手もプロの世界には存在します。それらの投手に共通するのは、スピードが図抜けているということ。四球だけでなく死球も多いので打者は嫌がるものです。

名前は伏せますが、わたしがスコアラーをしていた時代に、やっかいな投手がいました。その投手が、実際にどのように乱れているのかを探るため、ていねいにチャートをつけたことがあります。その選手は右投げですが、右打者に対して捕手がアウトローに構えてストレートを要求しているのに、約8割がインコースへと抜ける乱れ方をしていました。ここでいいたいのは、抜けてどこにいくかにも調べれば傾向が出ているということです。

左打者であれば抜けた球が身体とは逆の方向に逃げていきますから、有利になりがちなカウントのなかで、打ちやすいコースを狙って打っていけばいい。もちろん、コントロールが定まらないわけですから、じっくり見極め、ときにはカットしてファウルで粘り、最終的に四球を選ぶというのもありです。

右打者であれば、意識的に少しベースから離れるなど死球への警戒が必要です。一方で、逆球というのは球威が少し落ちる傾向にあるので、甘くインコースに抜けてきたボールをあえて狙うことも攻略法のひとつです。

ただし、荒れ球の投手は読めない部分もあり、急に勝負球が決まりだす場合もあります。打者は死球も頭にあるので、どうしても腰が引けてしまっています。その状況でアウトローなどにズバッと決まるボールが増えてきたら、そのボールを打つのはむずかしい。荒れ球の投手が好投するときは、こうしたパターンをよく見かけます。

難敵の癖を見つけて「国民的行事」に勝利

第1章でも少しだけ触れましたが、わたしの22年に及ぶスコアラー人生のなかで忘れられない試合があります。1994年のシーズン最終戦、中日との「10・8決戦」です。シーズン途中まで独走態勢にあった巨人軍ですが、途中から打線が湿ってしまい、中日の猛追にあいます。両者とも譲らず、優勝決定は最終戦に持ち込まれることになったのです。

「三井、おまえが野手ミーティングをやってみてくれないか」

決戦を前に、通常ミーティングを仕切ることなどあり得ないスコアラーであるわたしに、その役割が回ってきました。打線の不振を打開しようとした中畑清打撃コーチによるアイデアでした。

ここでわたしは、選手たちになにを伝えたのか――。それは、中日の先発投手・今中慎《いまなかしん》二《じ》が見せていた投球動作における〝癖〟でした。前年は17勝で最多勝を獲得し、この年も

13勝を挙げてエースとして活躍していた今中ですが、どの球種を投げようとしているかを示す部分が、投球動作の途中にあることをわたしは摑《つか》んでいました。

当時の今中は23歳。キレのいいストレートとカーブの緩急差、それから落差のあるフォークボールを交えて勝負してくる左腕で、巨人打線も苦手にしていました。

１９９４年のシーズン開幕からすこし経った、5月か6月だったと思います。そのころの巨人は首位を快調に走っていたものの、「今中にいつまでも気持ちよく投げさせていてはいけない」と考えたわたしは、今中の映像をチェックしながら、今後の攻略のヒントになるものがないかを調べていました。

自信たっぷりにテンポよくボールを投げ込んでは、嫌らしいくらいに打者のタイミングをはずしていく今中。その映像を何度も繰り返し見ていると、ストレートを投げるときとカーブを投げるときのちがいが、徐々にわかるようになってきたのです。

ちがいが表れていたのは、投球動作がはじまり、ボールを収めたグラブが顔のあたりにきたときに、グラブからのぞく左手首の見え方にありました。その左手首の動きが、球種ごとにわずかにちがった。

左手首が真っ直ぐに見えればストレート
左手首が内側に曲がっていればカーブ
左手首が隠れていればフォークボール

癖の出る位置も、バッターボックスから確認しやすい。「これは今中攻略に使える」と確信したわたしは、思わず映像室で声をあげそうになりましたが、ぐっとこらえました。ある計算が働いたからです。

癖を活用してシーズンの早い段階で今中を攻略してしまえば、中日ベンチや今中本人もそれに気づき修正してくる可能性は高いでしょう。シーズンオフを挟めば、間違いなく修正してきます。でも、スコアラーとしては、この発見した貴重な癖を利用して有利に戦える期間をできるだけ延ばしたいと考えます。そこで、この発見はあえてストックしておき、来シーズンの開幕後にこの癖を使って戦うべきだと考えました。癖を見つけた時期の巨人は快調に首位を走っていたこともあり、「この発見は誰にもいわず、しばらく自分のなかにとどめておこう」と判断したのです。

しかし、ペナントレースがもつれにもつれ、最終戦で優勝が決することとなった状況では隠しているわけにはいきません。

試合前日、長嶋監督に「なんとかして今中を打つ方法はないのか？」とあらためて聞かれたとき、わたしは封印を解き、準備していたビデオを披露しました。同席していたコーチの中畑清さんと淡口憲治《あわぐちけんじ》さんも、それを見て即座に「これは使えるぞ」といってくださり、そのあとに行われた野手ミーティングのリードをわたしにまかせてくれたのです。翌日、今中から4回までに8安打を放った巨人は5点を奪い、苦手な左腕をマウンドから引きずり下ろすことに成功。槙原寛己、斎藤雅樹、そして桑田真澄という先発3本柱のリレーが見事に決まり、巨人は6対3で逃げ切り劇的な優勝を飾ったというわけです。

このとき、スコアラーとなって9年が経過していました。わたしはこれまで経験してきたものとはまったく異なる達成感に身震いしながら、マウンド付近で歓喜に沸くチームメイトたちの姿を見つめていました。そして、「日本一のスコアラーになる」という思いをもういちど強く持ったのでした。

「癖」に鈍感だった球団と敏感だった球団

スコアラーにとって大事な仕事のひとつである、「相手投手の癖を見抜く」ことについて書いていきます。

まず、投手の癖を見抜いて攻略に用いるのは、違反とされる捕手のサイン盗みとはまったくちがうということです。試合中、グラウンド上の誰もが目にできる位置で選手が行っている動作を確認しているわけですから、そこに攻略のヒントがあればそれをそのままにしておくほうが不注意であると考えるべきです。

そうした考えをベースに、スコアラーは癖の発見に心血を注ぎ、一方で自チームの選手が癖を摑まれていないかにも注意を払います。

癖というのは、球種を探るときなどに用いられることが多いものです。中日の今中慎二の場合は手首でしたが、広島の大野豊さんであれば、始動直後に右手にはめたグラブがパッと開き気味になるとストレート、そうでなければスライダーがくるという癖がありました。

当時の広島は、癖への対処があまり積極的に行われていなかったように思います。ロビンソン・チェコやネイサン・ミンチーといった外国人の好投手も、ストレートを投げるときと変化球を投げるときでのぞかせる手首の向きがかなりちがいました。チェンジアップを投げるときも、握りをつくっているときに生じると見られる腕の筋の表れ方などに特徴的な変化があったのです。

しかも、チェコやミンチーの癖はなかなか直されなかったため、かなり長い期間活用して有利に戦うことができました。結果、打ち込むことが増えますから、彼らの巨人戦への登板は減っていくこととなりました。

反対に、癖の修正に敏感だったのはヤクルトでした。１９９５年には巨人相手にノーヒットノーランを達成してみせた長身投手のテリー・ブロスや、同じころ近鉄からトレードで加入してきた吉井《よしい》理人《まさと》を攻略しようとしていくつか癖を見つけたのですが、すぐに直されてしまったのは悔しかった。当時を振り返ったとき、本当に細かい部分まで目を行き届かせていたのは、やはり最大のライバルであるヤクルトでした。

黄金時代の西武のエース・工藤公康の癖もとらえた

１９９４年の秋、「10・8」を勝ち抜いた巨人は西武との日本シリーズにコマを進めました。巨人は西武が１９７９年に誕生して以来、１９８３年、１９８７年、１９９０年と３度にわたり日本シリーズで対戦していましたが、すべて敗れていました。特に、１９９０年の対決では０勝４敗と完敗を喫しており、この年のシリーズは「その借りを返す」という思いでチームは燃えていました。

スコアラーとして真っ先にとりかかったのは、当時のエース・工藤公康《くどうきみやす》の攻略でした。なんども苦しめられてきた工藤という左腕を打ち崩さなければ、日本一は絶対に見えてこない。そこで、工藤公康の癖を探ろうと映像を繰り返し見ることにしました。

工藤の配球などの分析は済ませており、その傾向はわかっていました。ただ、彼が投げるストレート、カーブ、スライダーはいずれもキレがあり、配球を読み切ってボールをとらえたとしても、ミスショットしてしまうことが予想されたのです。

そこで、もっと確信を持って打者が思い切って振れるようにすることで、ミスショットを減らそうと考えました。そこで必要になったのが、球種を見抜くための癖の発見でした。映像室で、ビデオ動画を見続けました。当時はワインドアップで投げていた工藤のなめらかなフォームを繰り返し流していると、気になる部分が見えてきた。振りかぶったとき、頭上のグラブとボールを持った左手のあいだに隙間ができたときはカーブやスライダーの曲がるボール。一方、そこに隙間ができずまったく閉じているときは、ストレートだということが判明します。

ランナーを背負った際は、セットポジションで静止したときの動きにちがいがありました。グラブが少し膨らんだときはストレート。まったく閉じているときは、カーブやスライダーだったのです。

この情報を携えて戦ったシリーズで、巨人は工藤との最初の対決となった第2戦は7回2安打1失点と好投を許したもののなんとか勝利し、王手をかけて挑んだ第6戦は6回途中までに9安打を重ね2点をもぎとり再び勝利。完全攻略とはならなかったものの、工藤に2度土をつけ、日本一になりました。

中日の今中慎二、そして、西武の工藤公康という好投手の攻略に成功し、チームが日本一になった経験は、スコアラーという仕事を続けていくうえでの大きな自信を与えてくれました。翌年、長嶋監督からの「スコアラーとしてベンチに入れ」という当時としてはかなり斬新な要請にたじろがずチャレンジできたのは、このときの成功体験あってこそだったと思います。

癖は強力な情報だからこそ注意深く扱う

ここまでいくつか、癖をうまく活用できたケースを紹介してきました。ただ、発見した投手の癖を実際に打者に使ってもらうのは簡単なことではありません。

なぜなら、癖というのは投手が始動したあとに見えるものがほとんどなので、それに目を向けさせることで打者の集中力を削《そ》いでしまうことがあるからです。つまり、癖は万能なものではなく、癖を伝えることで打者の感覚を変えてしまうこともあると考えないといけない。結果的に、癖を伝えたことで打てなくなってしまう打者がいるからむずかしいものです。

ちなみに、「10・8」のときも、巨人の2番打者として先発出場した川相昌弘《かわいまさひろ》は、「癖を利用してヒットを打つのはむずかしい」と判断し、実際に情報通りの球種がきているかを確認するために打席を費やしたとのちに述べています。

そういったこともあり、癖を用いるときは、狙うべき球を先に決めておき、それがくることを示すあきらかな癖が見えたときだけ打ちにいくというケースが大半でした。「ストレートを待ちながら、スライダーの癖が見えたらスライダーを打ちにいく」という対応は、事実上不可能で、ほとんどの場合で対応が間に合いません。

また、癖を見抜いた打者が犯しがちなことがあります。「その通りの球がきた！」と思うと勝手に体が反応してしまい、コースがボールであるにもかかわらずバットを出してしまうのです。

どんなボールがくるかが早めにわかっているためタイミングはとれているのですが、いかんせんコースはボールですから、バットに当たっても凡打になることがほとんどです。2019年に巨人から広島に移籍した長野久義《ちょうのひさよし》がまさにそのタイプで、癖がわかるとなぜか力んでしまい、ボール球を振ってしまうことがよくありました。

癖を使って相手投手を攻略しようとする際には、そういう〝副作用〟があることも頭に入れておくべきでしょう。繰り返しますが、やはり癖の活用は万能ではないのです。よって、スコアラーは「この癖を伝えたら、各選手にどう影響するのだろうか」という視点も持ち続けないといけません。好結果を生むどころか、逆にバッティングを崩してしまうことだってある。そういうことが起こると、選手との信頼関係にもひびが入りかねません。癖というのは強力な情報にちがいないのですが、扱い方には繊細さを要します。

余談になりますが、工藤の癖を見抜くまでにかかった時間はとても短くて、たったの5時間程度だったと思います。ストレートだけを投げる工藤の映像と、変化球だけを投げる工藤の映像をひたすら流し続け、どこかにちがいがないかを探し続けた結果、発見することができた。

こうした作業全般は、根気と注意深さがあればアマチュアでもできるものだと考えています。アマチュアが入手できる映像素材には限りがありますが、逆に、癖を隠すという発想はあまりないでしょうから、真剣に取り組めばヒントを得られるにちがいありません。アマチュアでプレーしている人にもぜひ挑戦してもらいたい。

癖の話に限ったことではありませんが、注意深く試合を見て、チームにとって有用な情報を得ようとすることに特別なスキルなど必要ありません。そういう視点で野球を観察する人がアマチュアレベルでもっと増えたら、日本の野球のレベルはさらに上がっていくのではないでしょうか。

第4章　編成部で生かされたスコアラーの視点

球界初となる査定システムを構築

１９９４年の「10・8」をきっかけとしてベンチ入りすることになったわたしは、その役割を13シーズンにわたって務めました。その間、巨人は4回のリーグ優勝と2回の日本一を達成し、なかでも２０００年には王貞治監督率いるダイエーとの〝ＯＮ対決〟を制するという印象的な日本一にも輝きました。

スコアラーとしてラストシーズンとなった２００７年は、小笠原道大、谷佳知《たによしとも》らＦＡやトレードで加わった選手と既存戦力がうまく噛《か》み合った打線の破壊力と、独り立ちした内海哲也《うつみてつや》、リリーフとしての才能を開花させた上原浩治などが光った投手陣の活躍で、５年振りにリーグ優勝。クライマックスシリーズで2位の中日に〝下克上〟を喫した悔しさはありましたが、優勝はやはりうれしく、達成感を感じながらスコアラーの仕事を終えることができました。

そして、２００８年からは選手たちの年俸の査定などを行う「査定室長」という肩書きを得て、いわゆる「フロント」の一員となりました。長年着てきたジャージを脱ぎ、人生ではじめてネクタイを締めて仕事をする日々がはじまったのです。

グラウンドで戦ってきた選手たちの年俸に関わる仕事は正直生々しく、スコアラーとはまた異なる細かさを求められることもあり、最初は慣れずに苦労しました。ただ、スコアラーとしては「やり切った」という満足感もあり、気持ちは完全にリセットされていました。「球団がまかせてくれた仕事はなんでもやってみよう」という心持ちで働いていくと、ここで自分が果たすべき役割が徐々に見えてきました。

スコアラー時代に使っていた選手の評価基準などもうまく活用しながら、合理的に年俸を算出するためのシステムを開発しようと思い立ったのです。外部業者と開発に取り組み査定をシステム化できたことは、ひとつ誇れる実績となりました。

年俸の決定にあたっては、打率や本塁打、打点のようなわかりやすい数字だけではなく、打席数や投球回など選手がどれだけ稼働したのか、送りバントやヒットエンドランといった細かいプレーをどれだけ成功させたのかなど、様々なかたちの貢献を正しく考慮して集計せねばなりません。それらを、詳細に入力できるシステムができれば、選手に「平等な分自身が納得いくものをつくりたかった。

きをスコアラーという立場から見ていたからこそ、球団はもちろん、選手たち、または自見方で査定している」という安心感を与えることができます。選手たちの一つひとつの動

かつては牧歌的な面もあった選手と球団の契約交渉でしたが、メジャーリーグに挑む日本人選手などが代理人を介した交渉を経験し、その細やかさなどが報道などで伝えられていくうちに日本でも合理的な査定を求める選手が増えていたように思います。

そのような状況で査定システムをつくることは、単なる業務の効率化という目的にとどまらない意義がありました。長期間にわたり巨人でプレーしてほしい選手に納得してチームに残ってもらうことを可能にし、同時にFA移籍を検討している選手との契約交渉における信頼性の確保にもつながるからです。システム化などを通じたチーム運営の改革は、球団間の「グラウンドの外での戦い」といってもよいものです。

こうした取り組みでの差が、グラウンド上での勝敗にダイレクトに響きはじめているのが昨今におけるプロ野球の現状で、これにはIT企業をオーナー企業とするチームが増加したことも影響しているはずです。まだまだ進化していく領域でしょう。

ただ、あの当時に査定をシステム化するという試みは、おそらく巨人が日本球界ではじめてだったはず。巨人軍は伝統ある古株の球団ですからそういったイメージは薄いかもしれませんが、新しいものをどんどん欲に採り入れていく側面を持つ球団でもあるのです。

ＧＭに次ぐポジションで編成業務にあたる

そして、２０１１年７月からは、チームづくりに携わる「編成業務」の仕事に移りました。その業務内容は外からは見えにくい部分なのですが、プロ野球の球団では、どんな選手をチームに加えるかといった強化施策を決めるのは、監督やコーチなどユニフォーム組ではありません。もちろん現場を担うそうした役職の人たちが、「いま必要なのはこんな選手だ」と意見することは頻繁にありますが、最終的な決定権を持っているのはフロントの編成部門であることがほとんどです。

なお、現在の巨人は、原辰徳監督がＧＭ的な立場も兼任しているので当時とは異なります。星野仙一さんなども、中日、阪神、楽天でそうした権限を持つ監督でしたが、こういったケースは数少ない事例といえるでしょう。

当然ですが、スコアラーが編成面に関わることはありません。編成部門が獲得を検討している選手についてどう思うかと監督やコーチから意見を聞かれたことはありましたが、実際にはその程度のもの。第2章で紹介した、大久保博元をわたしがスコアラーの立場から推薦したというのはレアケースでした。

「とはいっても、同じプロ野球チームの仕事ではないか？」と思われるかもしれませんが、編成業務は、まったくの未知の世界の仕事といっていいものでした。


わたしが編成に加わることになったきっかけは、２００４年から２０１１年11月にかけて球団代表や編成本部長、ＧＭを務めた清武《きよたけ》英利《ひでとし》さんが、新しい体制で編成業務を執り行おうとしたことでした。選手の育成やＦＡ、トレード、外国人選手獲得を通じたチーム強化を、これまで以上に計画的にやっていくことを目指したプロジェクトに、球団に長く関わり様々な経験をしてきたという理由で起用してくれたのです。

わたしがもらった肩書きは、「編成本部統括ディレクター」というＧＭに次ぐポジションでした。当時のＧＭ補佐・松尾《まつお》英治《ひではる》、育成部ディレクター・大森《おおもり》剛《たけし》と力を合わせ、巨人を強くする日々がはじまったのです。

実績ありきから目利きが求められる編成に

ＧＭだった清武さんは新体制ができて半年ほどでチームを離れることになるのですが、一緒に仕事をした期間のことはよく覚えています。もちろん細かい指示も届くのですが、基本的には「好きなようにやってくれ。自分たちで考え、獲《と》ると決断した選手に文句はいわない」と、わたしたちを信頼してまかせてくれていました。

その後の上司たちも清武さん同様、基本的にはわたしたちに一任してくださり、自由に動くことを許可してくれました。仕事は非常にやりやすく、いろいろなことにチャレンジできる環境をもらえたのはとてもありがたかった。

わたしが編成部でメインに担当していたのは、ＦＡと外国人選手の獲得という強化の根幹を担う部分でした。巨人は「予算がある」と思われがちですが、上限は当然あります。しっかり働いてくれる選手を確保していくのは簡単なことではなく、特に外国人選手については情報を得るたびに現地まで視察に赴きましたが、なかなか獲得に至る選手はいませんでした。ただ、予算の壁があったからこそ、選手を見極める目が肥えていったことも事実です。青天井の予算があったら、お金をかけて実績がある外国人選手だけを獲得していたと思うからです。

当時の巨人が掲げた外国人における獲得方針は、メジャーの一流どころというよりは、３Ａや２Ａから優れた選手を見つけ出していこうというものでした。かつての巨人は、メジャーで実績を残した選手を獲得することが多く、もちろん彼らは一定の活躍をしてくれました。しかし、それもすべてが当たるとは限らず、まったく働かないいわゆる〝給料泥棒〟のような選手がいたことも否めません。そして、メジャー経験がなく少し下のレベルの選手については、ほとんど活躍させることができていませんでした。おそらく、予算をかけることに慣れてしまっていて、少し下のクラスの選手のなかから優れた選手を見極める術《すべ》を持っていなかったのでしょう。そこから脱却しようというのは、わたしたちのひとつのミッションでもあったのです。

チームを支える「４本の柱」が若手を育てる

編成部では、一軍から三軍まで、各ポジションにいま何歳の選手がいて、日々試合でどんなパフォーマンスを見せたか、どんなトレーニングを積んだかなどの情報を集約し、打撃、守備、投球がそれぞれどのくらいのレベルにあるのかを把握していました。

それらの作業を行っていると、将来的なチーム像や補うべき弱点がダイレクトに見えてくる。あるポジションで成長を期待していた若手が伸び悩んでいたり、ケガをしてしまったりすれば、補強を考える必要が出てきます。次のドラフトでそのポジションを埋めればいいのか、ＦＡやトレードで埋めなければいけないのか、はたまた外国人選手で埋めるべきなのか。編成部の人間はそんなことを考えながら、アマチュア担当スカウトがつくった選手リストや、他球団のポジション別若手選手のリスト、それから海外のスカウトから届く日本でプレーする可能性がある外国人選手のリストとにらめっこをしています。

そんなリストを見つつ、編成部のスタッフと議論をして補強を考えていくのは、「これこそがチームを中長期的に正しい方向へと進めることだ」という手《て》応《ごた》えが感じられ、本当に充実していました。

　編成担当として描いていた理想像は、一定レベルの投手を揃えることは大前提として、野手で軸となれる選手が４人いる状況をつくることでした。その４人に該当する条件は、身体が強く年間を通して試合に出場できて、なおかつ誰もが認めるような成績を残せることです。シーズンを戦っていくうえで計算できる選手を、とにかく４人確保することが重要だと考えたのです。もちろん、高額な年俸を支払ってもいい選手たちです。

　そうしたものを求める理由は、がっちりとした動かない柱があれば、若手選手を育てていく余裕が生まれるからです。柱がいない状況で、「育成重視」の名の下に若手に出場機会を与えても、プレッシャーだけがかかりうまく育ちません。また、そういう戦い方をすると往々にして負けが込み出します。そうすればファンやマスコミからのバッシングがはじまり、才能ある選手を潰《つぶ》してしまうことだってある。

　スコアラーとして長らく現場にいてたくさんそういったケースを見てきたので、「それだけは避けなければいけない」と思っていました。阿部慎之助、そして坂本勇人《さかもとはやと》……と、２０１０年前後からの巨人を思い浮かべれば、柱としてきた４選手はおおよそ想像できるはずですが、彼らには、チームがパニックに陥るような大きな負け越しをさせないこと、そして、万が一負けが続いてしまったときはしっかりと責任を負って、若手に責任が及ばないようにすることを求めていました。

漠然となんとなく若い選手を使っているだけでは、本当の意味での育成型のチームにはなっていかないというのがわたしの持論です。やはり、将来のある若手選手を使うにしても、使える状況あってこそですし、確固としたビジョンが必要なのです。

ただ、統括ディレクターとしてビジョン通りに進められたかといえば、反省すべき点はかなりありました。巨人という球団は、どんなときでも優勝が求められるチームでしたから、外国人選手やＦＡを通じた補強をやや過剰に意識する必要があったからです。育成を目的とした選手起用が進む流れに完全に持っていけたかというと、それは現実的にはむずかしいものがあった。目先の成功に気を取られ、結果として「４本以上」の柱をつくることになってしまい、それによって若手選手が経験を積める余地をつくりだすことができなかったのです。

そうなった理由には、ＦＡでの選手獲得や外国人選手獲得に走ってしまったこと以外にも、スカウティングを通して将来の巨人にフィットする素材をしっかり集め切れなかったということがあります。

わたしがフロントで編成に携わった２０１０年代は、各球団がそれぞれの手法で選手の育成に力を入れていった時代でもありました。わたしたち巨人に続いてソフトバンクが三軍をつくるようになり、日本ハムも獲得した選手に対し集中的に経験を積ませる独自路線で成果を挙げていました。

アマチュア選手側も、自分の能力を引き出して育成してくれる環境を求める意識が年々高まっていて「育成契約なら〇〇以外にはいきません」とはっきりいう選手もいるほどです。

チームに長期的な強さをもたらすためには、少しでも多くの優れた才能を持った選手たちに、「ぜひ〇〇という球団でプレーしたい！」といってもらえるような育成システムを充実させていく必要があるのです。

優勝争いのために必要なＦＡでの選手補強

将来を見据えたチーム像を描く一方、優勝争いできる戦力の確保が求められる巨人において、ＦＡを通じた選手補強は常に視野に入れていました。わたしが編成を担当した期間に巨人がＦＡで獲得したのは、次のような選手たちです。

村田修一（内野手／２０１２年／横浜より）
杉内俊哉（投手／２０１２年／ソフトバンクより）
大竹《おおたけ》寛《かん》（投手／２０１４年／広島より）
片岡治大（内野手／２０１４年／西武より）
相川《あいかわ》亮二《りょうじ》（捕手／２０１５年／ヤクルトより）
金城《きんじょう》龍彦《たつひこ》（外野手／２０１５年／ＤｅＮＡより）
脇谷《わきや》亮太《りょうた》（内野手／２０１６年／西武より）
森福《もりふく》允彦《まさひこ》（投手／２０１７年／ソフトバンクより）

山口俊《やまぐちしゅん》（投手／２０１７年／ＤｅＮＡより）
陽岱鋼《ようだいかん》（外野手／２０１７年／日本ハムより）
野上亮磨《のがみりょうま》（投手／２０１８年／西武より）

巨人にやってきて前評判通りの成績を残した選手もいますし、本人の実力からすればもっとやれたであろう選手もいます。ただ、そのときのチーム編成を見たときに必要なピースだったことは確かです。どの選手も印象に残っていますが、片岡は２００９年のＷＢＣでともに戦ったことがあり、当時、スピードを生かした攻撃を増やすことを目指していたチームに絶対に必要な選手だという強い思いで獲りにいきました。

楽天などとの争奪戦になったのですが、なんとか契約に結びつけられたときはうれしかった。提示した年俸などの条件で巨人がリードしていたわけではなく、最後の最後、片岡の「巨人でプレーしてみたい」という気持ちの部分で獲れたかたちでした。かつては多くの選手が「巨人でプレーしてみたい」という思いを抱いてくれていましたが、近年は各球団ともに充実した施設ができたり好条件を提示したりするなかで、「移籍するなら巨人だ」という考えもなくなっていました。

そういったことを考慮しても、片岡の気持ちはありがたいものでした。

球団史上最高レベルの助っ人・マイコラス

マイナーリーグの優良選手を見つけようという方針で取り組んでいた外国人選手の獲得ですが、わたしがフロントにいた期間に獲得した主な選手たちはこんな具合です。

ジョン・ボウカー（外野手／２０１２年／フィリーズなど）
スコット・マシソン（投手／２０１２年／フィリーズなど）
ホセ・ロペス（内野手／２０１３年／ホワイトソックスなど）
レスリー・アンダーソン（外野手／２０１４年／レイズ・マイナーなど）
フレデリク・セペダ（外野手／２０１４年／キューバリーグ）
ホアン・フランシスコ（内野手／２０１５年／ブルージェイズなど）
アーロン・ポレダ（投手／２０１５年／レンジャーズなど）
マイルズ・マイコラス（投手／２０１５年／レンジャーズなど）

ギャレット・ジョーンズ（外野手／２０１６年／ヤンキースなど）
ケーシー・マギー（内野手／２０１７年／タイガースなど）

ＦＡと同じように成功した選手もいれば、いまひとつだった選手もおり、編成というのはむずかしいものだと痛感します。３Ａや２Ａの優良選手を狙ってはいましたが、実際にはメジャーと３Ａの境界線上にいるような選手と契約することが多かったように思います。育成重視の傾向が強まっていたメジャーリーグでは、30歳が見えてくるとかなりの能力がある選手でもいい契約が結びにくくなっていて、それはわたしたちにとって好都合でした。まだまだやれる状態の選手たちが、日本でのプレーに関心を持ってくれていたからです。

そんな彼らは、日本のプロ野球をメジャーリーグと３Ａのあいだのレベル、「４Ａ」に値すると見なしてくれていて、日本での活躍がメジャーリーグへの復帰につながると考えていました。ですから、モチベーションを高く保っている選手が多くいたのです。

そんななかで、最大の成功者といっていい選手がマイルズ・マイコラスでしょう。

メジャーリーグで４勝を挙げていた右腕で、２０１５年に26歳という若さで来日。先発投手として活躍し、巨人在籍3年間で31勝（13敗）、防御率は2・18を記録しました。来日1年目は13勝、2年目こそ14試合の登板で4勝にとどまりましたが、3年目はリーグ最多の187奪三振を記録して14勝を挙げました。ご存じの通り、彼はセントルイス・カージナルスとの契約を勝ち取り2018年にメジャーリーグに復帰し、いきなり18勝を挙げてリーグ最多勝に輝く大活躍を見せました。

日本に来る前のマイコラスは、140キロ台中盤というやや非力なストレートがネックとなっていて、パワーピッチャーがひしめくメジャーリーグではあまり高くない評価を受けている投手でした。日本の球団でも、彼をマークしていたところはほとんどなかったはずです。

日本の試合球が眠れる素質を開花させる

わたしがマイコラスを初見した際にまず惹《ひ》かれたのは、その独特なフォームでした。踏み出した足がグラウンドに着くまでの間が一般的な投手よりもわずかに長く、「タイミングが取りにくそうだな」と感じたのです。196センチと身長も高いですから、多くの日本人の打者は少し見上げることにもなるので、あごを引きボールをしっかり引きつけて打つかたちになりにくいはずでした。独特なステップと身長というふたつの魅力的な要素があり、コントロールもよかった。打者はどうしてもタイミングをはずされることが多くなり、強い打球を打つのはむずかしくなるだろうと判断したのです。

ただ、それだけで獲得を決めるわけにはいきません。日本で使うボールとの相性を見ておきたいと考えました。そこで、日本製のボールを1ダース持って渡米し、マイコラスに手渡しました。そして、「これで1カ月投球練習してほしい」と頼んだのです。そして1カ月後に再度渡米し、日本のボールをどう投げこなしているかをチェックすると、これが抜群によかった。アメリカのボールを投げているときよりも断然キレが出ていて、変化球の変化も大きくなっているように見えました。

メジャーリーグに挑戦した日本人投手がアメリカのボールに適応するのに苦労するケースはよくありますし、逆にそのボールが武器になる選手もいます。そう考えてみれば、「日本の少しだけしっとりとしたボールのほうが合う」という外国人投手がいたとしてもおかしくありません。マイコラスはまさに、日本の試合球にハマった選手でした。

「メジャーからも契約の話がくるかもしれないが、こちらは出場機会をしっかり準備して活躍の場を与える。絶対に獲るから待っていてくれ」と伝え、急いで日本に連絡を取り契約の話を進めたことを覚えています。

日本のボールでピッチングが一変した投手といえば、マイコラスと同じタイミングで来日して広島で活躍を続けているクリス・ジョンソンもそうでしょう。ジョンソンは巨人もリストアップしていたのですが、アメリカではコントロールが悪く、球速もマイコラス以上に遅いなど難点がかなりありました。そのため獲得には至らなかったのですが、ジョンソンは日本のボールを使って投げ込むうちに、見違えるような投手になっていった。ひとりの外国人選手が持つポテンシャルを見抜けなかった悔しいケースです。

「長身で手足が長い」外国人投手は成功する

外国人選手についての思い出は多く、評価していながらも獲得できず、他球団で活躍されてしまった〝釣り逃した魚〟というのは印象に残っています。

わたしの場合であれば、いまもオリックスでプレーしているブランドン・ディクソンという投手がそれにあたります。

彼との出会いは本当に偶然で、２０１１年にそのほかの選手を見るために出向いた３Ａの試合で、たまたま投げているところに出くわしたというものでした。そこでのピッチングに目を見張るものがあったことから試合後に話しかけてみると、日本でのプレーにも興味を持っていることが判明。それで球団に掛け合ってみたのですが、アメリカでの実績があまりにもなかったことから話が前に進まなかったのです。

ディクソンは、ストレートが１４０キロ台中盤とメジャーリーグでバリバリ活躍するには遅過ぎます。ただし投げるボールにはキレがあって、キャッチャーミットにボールが到達するまで勢いが衰える感じが一切しませんでした。変化球のコントロールもよく、いまでもよく投げている鋭く曲がって落ちるナックルカーブも有効なボールだと感じました。あの時点で契約できていれば、かなりリーズナブルな契約が結べたはずだったというのもまた、悔しさが募る理由です。

そしてディクソンと並んで獲り逃したのが、いまもソフトバンクに所属しているリック・バンデンハークでした。彼はメジャーリーグではそれほど実績を残せなかったのですが、韓国のサムスンで投げていて、桁《けた》はずれの三振を奪う力と異国でもしっかりと地に足をつけてプレーできる高い環境適応力を備えていました。つまり、成功が予想できた投手でしたから、ディクソンのような掘り出し物とは事情が異なります。本人や家族ともいい関係が結べていて、「これなら契約までいけるだろう」という手応えがあったにもかかわらず、マネーゲームで敗れてしまった。ソフトバンクに入った初年度（２０１５年）は、9勝で負けはなんとゼロ。その活躍を見るのは、さすがに悔しかった。

　このディクソンやバンデンハーク、そしてマイコラスやジョンソンなど、近年日本球界で結果を出した投手に共通するのは、長身で手足が長いことです。日本人にはそうした投手はあまりいませんから、日本人の打者はなかなか慣れることができません。やはり、慣れというのは重要なもので、日本球界においては身長と手足の長さがあれば、しばらくのあいだはアドバンテージになります。

　ただ、それだけで獲得する選手を選んでしまうのは危険です。肘《ひじ》までを伸ばした状態をつくって、それを振りまわすようにして投げるアーム式の投球フォームの投手は、どんなに手足が長く球速があっても、獲得は少し考えたほうがいい。そうした投げ方だとボールが見えやすく、打者からすると打ちやすいのです。しっかり肘をしならせて投げているかどうかも、投手選びでは大事なポイントになります。

「ボール球を投げろ」を受け入れられるか

日米の投手で大きく異なるのが、配球に対する意識の差です。元スコアラーとしては、来日後に日本流の細やかな配球に馴染《なじ》める性格かどうかはぜひとも事前に確認したいことのひとつでした。そこで考えたのが、日頃バッテリーを組んでいる捕手と話をして性格を聞き出すという方法です。「彼はどんな投手か聞かせてくれないか？」と捕手に声をかけると、本人に聞くよりも客観的な情報が手に入るのです。

捕手にたずねる質問はいくつかに決まっていて、なかでも「この投手はボール球を投げることができるか？」という質問は重要項目でした。アマチュア時代から球数管理が徹底されているアメリカでは、投手は限られた球数でできるだけ多くのアウトを奪い、自分が投げ切るイニングを伸ばしたいと考えています。すると、日本流の駆け引きであえてボール球を投げることや、ボールが先行しているときに際どい球で勝負するといったことに抵抗を覚える投手が少なくないのです。

確かに、アメリカのやり方は球数の管理のうえで成り立っているのかもしれない。でも、日本球界では、ボール球を投げるべきときにしっかりとボール球を投げられることが、勝てる投手と勝てない投手をわけるものだと考えています。打者が打ちにいくと決めてストライクを待っているときに、捕手がボール球を要求したとします。そこで意図的に、またはコントロールミスでストライクを投げてしまう投手というのは勝てません。打者のバットを何本もへし折るような力強いボールを投げる選手なら話はまた別ですが、そうでない場合は、一軍に定着して投げ続けることもむずかしいと思います。

日本では、配球は原則的に捕手が決めるものと認知されています。それに首を振ってばかりいる投手はあまりおらず、ボール球を要求されればきちんとボール球を投げ込みます。仮にそうでない投手がいたとしても、リードがいい捕手とバッテリーを組ませることで配球の意図を知り、その悪癖は矯正できるでしょう。

一方、配球に対し投手の意見が通ることも多いアメリカで育った投手で、「ボール球は極力投げたくない」という価値観に凝り固まってしまっている場合は、矯正できないものなのです。

つまりは、〝無形の力〟に関心を抱き、その目に見えない力を生かすための努力ができるかということです。マイコラスは、このあたりの感覚が非常に柔軟で、日本的な配球も即座に慣れました。メジャーリーグに出戻りして彼が投げている試合を見ていても、日本で学んだ配球論が生かされているようです。

投げるボール、そして投球フォーム、身体的特徴に加えて「配球に対する考え方」。外国人選手の獲得というのは、最低でも数千万円の投資をするわけですから、このくらいの確認は必ず行うべきものなのです。

スコアラー式スカウティングのススメ

編成部の一員として外国人選手の獲得を目指す際は、自ら現地へと足を運び、実質的にスカウトのような動きをしていました。ただこれはもう癖のようなもので、試合を見るときの視点というのは、どうしてもスコアラーのものになってしまう。

　ホームランを何本打ったとか、球速が何キロだったとか、そういう表面的な数字は見るには見ますが、それだけでは納得できない自分がいるのです。

打者不利、もしくは有利なカウントでそれぞれどんなボールに手を出したか？
甘い球を一発で仕留める確実性を持っているか？
三振が多いが、それはどのようにしてストライクを奪われた結果なのか？
打席にはどんなことを考えながら立っているのか？
味方がエラーしても、その投手はいらついた感じを出していないか？
捕手の構えた位置に、どのくらいボールがきているか？
打者の打ち気を察知したピッチングをしているか？

　結局、わたしが気になってくるのはこのようなことなのです。もちろん獲得にかかわったすべての選手が活躍できたわけではありませんから、わたしのやり方がすべて正しいとは限りません。でも、あらゆるスカウトがスコアラー視点で情報を集め、それをもとに選手を獲得できれば、いまとはちがった角度から優れた選手を見出《みいだ》せるようになるにちがいありません。

編成のやり方、スカウトのやり方、スコアラーのやり方、どれが優れているという話ではなく、それぞれによい部分があると思います。ただ、これまでの慣習にとらわれるのではなく、よりよいやり方を柔軟に追求していく姿勢が広まってもよいのではないか――。

編成の仕事をしたことで、そうした考えが芽生えました。

終章　元巨人軍スコアラーとして

憧れの巨人軍からの誘い

わたしが選手として巨人と契約を結んだのは1978年のことでした。高校3年生だったわたしのところには、9つのプロ野球チームが指名の意志を伝える挨拶《あいさつ》にきてくれました。なかでもいちばん熱心だったのが広島です。「ドラフトでは2位、もしくは3位で指名する」といってくれていて、故郷の島根県から近いということもあり両親もその進路には賛成していました。もちろん、自分のなかでもほぼ決心がついていた。

当時の広島は古葉《こば》竹識《たけし》監督が指揮を執っていて、1978年はセ・リーグ3位と優勝への気運が高まっていました。事実、1979年、1980年にはセ・リーグを連覇するなどリーグを代表するチームに成長しました。わたしと同じ野手では、衣笠祥雄《きぬがささちお》さん（故人）や山本浩二《やまもとこうじ》さんといったスター選手たちが活躍していて、わたしもその姿に憧《あこが》れを抱いていたものです。

ただそのような状況で、最後に挨拶にやってきたのが巨人だった。「広島に決めた」と告げてもかまわず、「断ってうちにこい」と強く誘うのです。なにせ当時のわたしは高校生。かなりの強引さに驚きつつも、本音をいえば日本野球の中心にある巨人に対する憧れは強く、魅力的な誘いに感じていたことは事実です。考えを翻したわたしは、巨人にいくことを決断します。

　その年の巨人は諸事情からドラフトをボイコットしており、ドラフト外での入団ということになりましたが、巨人に入団できるのであればそんなことはどうでもよかった。同期入団には、江川卓さんや鹿取義隆《かとりよしたか》さんなど、のちの巨人を支える実力者もいました。

　しかし、広島の担当スカウトだった備前喜夫《びぜんよしお》さん（故人）に断りを入れるときはかなり複雑な心境でした。不義理をしてしまったことにはいまでも申し訳ない気持ちです。ちなみに備前さんは翌年に広島の二軍監督になられていて、とある試合で顔をあわせることになりました。その不義理が申し訳なくて恐る恐る挨拶にいったのですが、「プロの世界ではよくあることだ。気にせず頑張れよ」といってくださり、胸のつかえはおりました。ただ一方で、プロ野球の世界の狭さというものを知り、「この世界で生きていくには義理も大事だ」ということはあらためて認識させられました。

入団したころは、球界の盟主である巨人であっても科学的なトレーニング理論などはまだ導入されておらず、ランニングや素振りを繰り返す古典的な鍛錬をする日々が続きました。世間では、だんだんとトレーニングコーチやマシンを使った新たなトレーニングの存在が知られはじめていた時期なのですが、巨人のトレーニング環境に不満は一切なく、「なにしろ天下の巨人軍がすすめているトレーニングなのだから、それが古いなんてことはあるはずがない」と思っていました。もちろん、野球をデータから分析することなどとも無縁です。ただがむしゃらに、多摩《たま》川《がわ》の河川敷グラウンドで練習に明け暮れる、巨人軍での成功を夢見る若手選手だったのです。もちろん、それらの練習方法はどこの球団も同じようなものだったはずです。科学的というよりは、いわゆる根性野球。それこそ、わたしが入団した当時のプロ野球の姿でした。

そして先述の通り、わたしは現役生活をはじめて5年半が経ったころ、腎臓《じんぞう》疾患によるドクターストップで現役引退を余儀なくされます。そのタイミングで合宿所の寮長を務めていた武宮《たけみや》敏明《としあき》さん（故人）から「球団に残らないか」と誘ってもらえたのですが、いまとはちがって、そういうケースは当時あまりなかったそうです。当時わたしは24歳でしたが、近い世代の元選手の球団職員というのは周囲を見渡してもほぼおらず、とてもありがたい配慮をしてもらったのだとそこで知りました。病気でやむなくプレーヤーとしての道をとざされたことに対する、球団からの恩情があったのかもしれません。

球団職員1年目は二軍でマネージャーを務め、その後はスコアラーとしての道を歩んでいったのは、第1章で書かせていただいた通りです。

「おい、三井！」がベンチを引き締める

1986年、わたしがスコアラーとしてのキャリアをスタートしたときに指揮を執っていたのは王貞治監督でした。1989年からは藤田元司監督が引き継ぎ、1993年には長嶋茂雄監督が2度目の監督就任を果たします。その後は2002年に原辰徳監督、2004年から堀内恒夫監督、2006年からは原監督が再登板しました。その原監督の任期の途中にあたる2007年のシーズンまで、わたしはスコアラーを務めました。

王監督、藤田監督の時代はスコアラーとして修業を積んでいた時期でしたので、監督やコーチとの深いコミュニケーションが発生するようになったのは長嶋監督以降です。長嶋

監督や原監督からすると、わたしは「叱られ役」という面があったようです。ふたりはあえて、ベンチでわたしのことを名指しで叱ることがありました。

　原監督は試合中、相手投手の攻略がうまくいかず劣勢になっているようなときは決まって、「おい、三井！　今日どんなミーティングやったんだ？」とみなに聞こえる声でたずねてきました。わたしはもちろんその内容を説明するのですが、選手に伝えたことが実行できていないがために劣勢になっているわけです。結果がすべての世界――説明が終わるのも待たずに、「その通りできていなければ、ミーティングしていないのと同じだぞ」とピシャリ。

　こうしたやりとりの多くは、実際のところわたしに向けたものというより、選手たちに聞かせることを意図してやっていたはずです。試合中における監督から選手への直接の叱《しっ》責《せき》は確執を生みやすく、よい効果を生むことはほとんどありません。でも、わたしという存在をクッションにすれば、適度な緊張感をチームにもたらすことができます。この手法は長嶋監督が長らくやっていたことなので、もしかすると原監督もそれを参考にしていたのかもしれません。

そんな事情もあり、わたしのスコアラー人生はある意味で「絶えず叱られていた」ともいえます。ただ正直なところ、長嶋監督にしても原監督にしても、プロ野球の世界においては雲の上の人たちという感覚がありましたから、叱責されて腹がたったり意見を言い返したくなったりというのはまったくありませんでした。

原監督はわたしの2学年上と年齢がかなり近いこともあり、白熱した議論をすることがなかったわけではありません。でも、それはあくまで議論であり、お互いの腹になにかを残すものではなかったように思います。

原監督もわたしが時々熱くなるところを理解してくれていたようで、わたしが２００８年にフロントに加わったときには、「ネクタイ締めたら、あんまり喧嘩《けんか》するんじゃねえぞ！」と笑いながらいってくれました。スコアラーでありながらコーチと同等の評価を与え、わたしの年俸にも反映するようフロントに進言してくれたのも原監督です。わたしの巨人在籍時における最大の理解者であり、恩人のひとりでした。

天才から天才へと引き継がれた「音」

巨人で接する機会を得た雲の上の人はたくさんいますが、自分より年下の人間では松井秀喜ということになります。その松井が長嶋監督とよく取り組んでいた〝特訓〟には、なんども立ち会わせてもらいました。

ふたりの天才の特訓は独特なものでした。電気を消した部屋で素振りを行い、聞こえてきた音を聞きながらひたすらいいスイングを追い求めていくのです。そこに、なぜかわたしも「おまえも音を聞いておけ」と長嶋監督に呼ばれていました。

最初はあまりに独特な特訓で、どう受け止めたらいいかわからずに見守っていたのですが、松井本人に聞くと、長嶋監督が「いい」と評価する音がしたときは確かにうまく振り抜けている感覚があるというのです。それを聞いてから、自分も暗闇のなかで音を聞きわけられるよう努力をはじめました。そうしたちがいを見抜くことはスコアラーの特技でもありますから、徐々に長嶋監督や松井がなにを聞きわけているのかが理解できました。

「いい」といっているのは「ピュッ」という響きに近い高い音で、「ブーン」という感じの鈍く低い音が響いたときは「ダメ」な音。その音が鳴る場所もちがっていて、長嶋監督はそこにも注意を向けているようでした。

そのうち、松井はひとりのときも暗闇のなかで素振りをするようになっていきます。ある夜、「素振りの音を聞いてほしい」と頼まれ、彼の部屋を訪ねました。あれだけの強打者でありながら努力もまったくおこたらない選手だった松井は、夜11時から朝5時までバットを振り続けたこともあったほどです。

最初はそこまで意味があるとは思えなかった「音」を使ったスイングの修正。それが天才から天才へと引き継がれていくところを、いちばん近いところで見ることができたのは得難い体験でした。

「オープナー」や「大胆な守備シフト」に挑む巨人が見たい

近年のプロ野球の試合では、いくつかのチームが大胆な守備シフトを敷くのを目にします。もちろん、守備シフト自体はむかしから存在するものですが、最近のものはよりダイナミックになっています。

それらを見ていると、「自分がいまもスコアラーだったらデータを調べ上げて積極的に取り組んでいただろうな」という思いが湧いてきます。監督によっては大胆な守備シフトは好まずに、以前からあるスタンダードな守備シフトを敷く人もいます。しかし、わたし個人は「面白いな。チャレンジしたいな」と思うタイプなのです。投手がどこに投げるかという組み立てと連動しながらであれば、打者の打球方向を当てる自信はかなりあります。

守備シフトに対する工夫を自主的にやっている野手はむかしからいましたから、大胆なシフトを敷くことに対しては、そこまで深刻に考えなくていいのではないかというのがわたしの意見です。たとえば１９９０年代後半から２０００年代前半にかけて巨人の正二塁手として活躍した仁志敏久がそうでした。彼は本来的な守備範囲は決して広くはなく、もしかすると狭い部類だったかもしれません。それこそ、肩も突出した強さはありませんでした。でも、打者がどんなタイプで、味方のバッテリーが次にどこに投げようとしているのかといった情報をうまく使い、ポジショニングを調整しながら守っていました。仁志の場合はあくまでも一個人の意志が強く働いていたシフトですが、そういった研究をスコアラーも一緒になってやれていたら、もっと効果を生めたはずです。メジャーリーグなどは、完全にデータを使って守備シフトを敷いていますが、確率を追い求める野球という競技を考慮すれば、正しいやり方なのかもしれません。

これもまたメジャーリーグの球団の取り組みから派生したものですが、日本ハムなどが取り組んでいる「オープナー」や「ショートスターター」と呼ばれる新戦術も実に興味深いものです。もし、いまの時代に野村克也監督がどこかの球団を率いていたら、きっとやってきただろうなと妄想します。

野村さんは、南海のプレイングマネージャーだった時代に、先発投手よりも劣る投手が務めていたリリーフという役割に大きな価値を認め、江夏豊《えなつゆたか》さんをリリーフエースとして再生させています。またヤクルトの監督時代には、アンダースローの先発・宮本賢治《みやもとけんじ》を降板させ、いちど外野を守らせてからその後再登板させたこともありました。

阪神の監督時代にやった、左右のサイドハンドである遠山奬志《とおやましょうじ》と葛西稔《かさいみのる》に一塁を交互に守らせながら、打者の左右に合わせて交互にぶつける「遠山・葛西スペシャル」なども有名です。独創的な投手起用には一家言あるであろう野村監督が、黙っているわけがありません。

対戦するチーム同士がお互いに全力で知恵を絞りあう戦いは、絶対に日本の野球を面白くしていきます。

巨人は守備シフトや投手起用に関しては、オーソドックスな志向を選ぶ球団といえます。ですから、こういった作戦を実行することにあまり積極的ではないのは十分に理解していますし、そうせずとも勝つ方法がたくさんあるのも経験上承知しています。

ただ、かつての巨人が強さとともに漂わせてきた「容赦のなさ」がやや影を潜め、全国にたくさんいた「アンチ巨人」が減りつつあるなか、「いまこそ巨人も、大胆なまでの変化に挑んでいってもいいのではないか」。そんな考えも頭をよぎるのです。わたしのような人間に活躍の場を与えてくれた巨人軍ですから、懐が深く新しい野球をリードしていく姿を見ていきたいとも思うのです。

出会い、経験、知恵を授けてくれた巨人軍へ

プロ野球選手としての夢が突如終わりを告げ、わたしは右も左もわからないなかでスコアラーという職業に就きました。最初こそ「裏方は選手以上にしんどいものだな」と感じたものの、業務をこなしていくうちにどんどん野球分析の世界に夢中になっていきました。自分自身の仕事が楽しいと感じられるだけではなく、「チームの勝利」という現役時代に目指していたことに貢献することもできた。そういう意味では、わたしにとってスコアラーというのは、24歳にして第二の人生に踏み出した自分が期せずして出会った「ジャンプ台」だったのだと解釈することができます。

好きな野球に携わり成功を夢見る人は、ここ日本だけでなく世界中にたくさんいます。でも、「成功できた」「チームに貢献できた」と振り返ることができるのは限られた人だけであって、ほとんどは道半ばで球界を去っていきます。

そんな厳しい世界でいちどでも成功を味わえたというのはありがたいことでした。自分

にとっての宝物といっていい経験であり、素晴らしい時間を味わえました。
わたしは選手、マネージャー、スコアラー、フロントという立場で計40年間にわたって巨人という球団で働かせてもらいました。こんなに長い時間、大好きなチームで、大好きな仕事をさせてもらえたわけですから、本当に幸せ者です。

数え切れないくらい多くの人たちと出会い、たくさんの知恵を得ることもできました。現役を引退してほかの職業に就くという人生もあったかもしれません。でも、球団に残してもらいスコアラーという職を得て、編成部にいってからは何度も何度も海外に赴いて世界の野球を見ることもできました。野球王国・キューバに赴いたときには、国賓のような待遇をしていただいたし、メジャーリーグの球団のGMのような普通なら会話などできない人ともたくさん話すこともできた。そんな経験を通じて、野球人としての視野を広げることができました。

あらためて巨人という球団には感謝しかありません。そして、こんな人生を授けてくれた「野球」という最高のスポーツに心から感謝するのです。

おわりに

本書では、スコアラーとして行ってきた施策をたくさん書いてきました。なかには、うまくいったものもあれば、うまくいかなかったものもあります。ただ、いま冷静になって振り返ると、その差はあまり重要ではなかったと思えてくるのです。うまくいったプランも、条件が変われば瞬く間に陳腐化します。勝利をもたらした相手投手の癖の発見も、修正されればその瞬間アドバンテージは消滅してしまうからです。

もっと大切なのは、ひとつの成功や失敗にとらわれず、リセットを繰り返すことではないでしょうか。目の前で起きている現実から大きく離れない仮説を立て、それに挑み続けるしかないのです。「現実から大きく離れた仮説=勝手につくった物語」にとらわれるようになると、スコアラーとしての眼力は鈍っていきます。ときには、積み上げたものを壊すこともいとわない勇気こそ、スコアラーにとって欠かせないものなのです。もしかすると、強い信念や譲れない想いのようなものは、スコアラーには邪魔なのかもしれません。

また、繰り返し述べてきたことですが、スコアラーがチームに提供できるのは〝無形の力〟です。肉体を持った選手が、それを信じプレーに生かしたときにはじめて〝有形〟になる。無になるか有になるかは、選手次第なのがスコアラーの仕事です。

もちろん、そこに無力さを感じることもありました。でも、無形の力が選手を生まれ変わらせる瞬間に出会えたこともたくさんあった。そのたびに、「やるしかないんだ」という気持ちを奮い立たせ分析作業を繰り返しました。

わたしの持論ですが、「超一流」の選手は情報を生かすことに熱心で、必ずといっていいほど無形の力を味方につけています。ずば抜けた才能を持ちながら無形の力を生かせず、「一流」「二流」で終わってしまった選手もたくさん見てきました。それは、本当に歯がゆいことです。こうした情報の発信を通じて、スコアラーの存在やその価値を世の中に広く知ってもらえるようになれば、ひとまわりして価値に気づいていない選手たちにも届くのではないか――そんなことにも期待しています。

選手たちの成功は、スコアラーにとってのなによりのよろこびなのです。

２０２０年２月

三井康浩

三井康浩（みつい・やすひろ）
1961年、島根県生まれ。出雲西高等学校時代に強打で鳴らし、1978年のドラフト外で読売巨人軍に入団。同期には、江川卓氏や鹿取義隆氏らがいる。腎臓疾患を患い、1984年に現役を引退。引退後は、巨人軍二軍マネージャーを経て、スコアラー、査定室長、統括ディレクター、編成本部参与などを歴任。入団から退団まで、40年間にわたり巨人軍を支え続けた。2009年のWBC第2回大会（ワールド・ベースボール・クラシック）では、日本代表チームのチーフスコアラーという大役を務め、世界一に貢献している。現在は、各メディアで野球解説をする傍ら、セミナーや野球教室なども行う。合同会社スリップストリーム所属。
https://slipstream-web.com/

ザ・スコアラー

三《みつ》井《い》康浩《やすひろ》

2020 年 2 月 10 日　初版発行
2024 年 12 月 5 日　3版発行

◆◇◇

発行者　山下直久
発　行　株式会社KADOKAWA
〒102-8177　東京都千代田区富士見 2-13-3
電話　0570-002-301（ナビダイヤル）

編集協力　岩川悟（合同会社スリップストリーム）、秋山健一郎
イラスト　児玉智則
装 丁 者　緒方修一（ラーフイン・ワークショップ）
ロゴデザイン　good design company
オビデザイン　Zapp!　白金正之
印 刷 所　株式会社KADOKAWA
製 本 所　株式会社KADOKAWA

角川新書
　ISBN978-4-04-082336-2 C0275